VIDA, A GRANDE ESCOLA DE DEUS

HERNANDES DIAS LOPES

VIDA, A GRANDE ESCOLA DE DEUS

Transformando pessoas para a eternidade

© 2021 por Hernandes Dias Lopes

1ª edição: novembro de 2021
1ª reimpressão: março de 2022

REVISÃO
Daila Fanny
Rosana Brandão
Francine Torres

CAPA
Rafael Brum

DIAGRAMAÇÃO
Aldair Dutra de Assis

EDITOR
Aldo Menezes

COORDENADOR DE PRODUÇÃO
Mauro Terrengui

IMPRESSÃO E ACABAMENTO
Imprensa da Fé

Este livro é uma nova edição ampliada e atualizada do título *Com Jesus na escola da vida*.

As opiniões, as interpretações e os conceitos emitidos nesta obra são de responsabilidade do autor e não refletem necessariamente o ponto de vista da Hagnos.

Todos os direitos desta edição reservados à
EDITORA HAGNOS LTDA.
Av. Jacinto Júlio, 27
04815-160 — São Paulo, SP
Tel.: (11) 5668-5668

E-mail: hagnos@hagnos.com.br
Home page: www.hagnos.com.br

Editora associada à:

Dados Internacionais de Catalogação na Publicação (CIP)
Angélica Ilacqua CRB-8/7057

Lopes, Hernandes Dias

Vida, a grande escola de Deus: transformando pessoas para a eternidade / Hernandes Dias Lopes. — São Paulo: Hagnos, 2021.

ISBN 978-85-7742-318-7

1. Vida cristã 2. Fé 3. Deus 4. Oração 5. Espírito Santo I. Título.

21-5139   CDD 248.4

Índices para catálogo sistemático:
1. Vida cristã 248.4

DEDICATÓRIA

Dedico este livro ao reverendo Elias Dantas, homem de Deus, pastor de pastores, servo do Altíssimo, encorajador dos santos, líder proeminente no meio cristão ao redor do mundo. Sou grato a Deus por sua amizade e pela bênção que ele é em minha vida e em meu ministério.

DEDICATORIA

SUMÁRIO

Prefácio 9

Parte 1: A grande escola de Deus

1. A escola: a vida 15
2. O professor: Deus 33
3. O livro-texto: a Bíblia 53

Parte 2: Alunos e alunas da escola da vida

1. Caim: consequências da adoração fingida 73
2. Jó: quando Deus prova os seus 83
3. Jabez: superação de estigmas do passado 93
4. Joquebede: fé na providência divina 103
5. Noemi: triunfo sobre os traumas da vida 113
6. Ana: desejando mais a Deus que suas bênçãos 123
7. Eli: os perigos da negligência familiar 133

8. Saul: manobras erradas na estrada da vida 143

9. Davi: o dom das lágrimas 153

10. Mefibosete: a graça restauradora de Deus 163

11. Isaías: estratégias para dias de crise 171

12. Daniel: as marcas da integridade 181

13. Neemias: atributos de um intercessor 189

14. João Batista: uma vida no poder do Espírito Santo ... 197

15. Maria: o caráter que encontra graça diante de Deus.207

16. Mulher de Samaria: o caminho da aceitação 215

17. Homem de Gadara: o valor de uma vida 223

18. Mulher de Tiro e Sidom: o poder da intercessão pelos filhos 231

19. Maria e Marta: diferentes expressões de amor 239

20. O jovem rico: enganado pelas bênçãos 247

21. Pedro: da queda à restauração 255

22. Estêvão: vida de plenitude 265

23. Paulo: o incontestável poder do evangelho 273

24. João Marcos: a serviço do evangelho 281

25. Epafrodito: companheirismo na vida cristã 291

Conclusão 299

PREFÁCIO

A vida é uma escola. Todos nós estamos matriculados nela, mas ninguém é diplomado. Permanecemos como aprendizes até o fim. Nessa escola não há alunos faltosos nem repetentes. Alguns aprendem mais rápido, outros quebram a cabeça e quase nada aprendem. O aprendizado nessa escola tem mais a ver com as lições colhidas das experiências da vida do que com a performance intelectual.

A escola da vida é diferente da escola convencional. Nesta, primeiro aprendemos a lição e depois fazemos a prova. Na escola da vida, primeiro passamos pela prova e depois aprendemos a lição. Os alunos que, ao passarem pela prova, aprendem a lição tornam-se bem-aventurados. Os que, por outro lado, se fecham ao aprendizado, que mesmo sendo esmagados na prensa e acrisolados na fornalha não aprendem a viver de forma sábia, colhem derrotas amargas e sofrem consequências desastrosas. Os sábios são aqueles que aprendem não apenas com suas próprias experiências, mas também com as experiências dos outros. São aqueles que têm os olhos abertos para ver e o coração atento para observar a galeria dos heróis da fé, para imitá-los ou para fugir do caminho dos transgressores.

Vida: a grande escola de Deus tem como propósito desafiar você, leitor e leitora, a conhecer pessoas que andaram com Deus e também pessoas que se rebelaram contra Ele, aprendendo com seus acertos e evitando seus erros. Este livro é dividido em duas partes. Na primeira parte, você vai conhecer o ambiente do ensino divino: 1) a grande escola da vida, onde aprendemos nos dias felizes, mas, sobretudo, nos dias tenebrosos; 2) o professor, o Deus Trino, que ensina nosso coração segundo seu eterno propósito de nos fazer à semelhança de seu filho amado; e 3) o livro-texto, a Bíblia Sagrada, o livro dos livros, com palavras de poder transformador.

Na segunda parte deste livro, você irá conhecer o currículo de 25 alunos, homens e mulheres que foram conduzidos por Deus em provas e alcançaram aprovação pelo que aprenderam ou reprovação pelo que deixaram de aprender.

PREFÁCIO

Uma vida nunca é neutra. É bênção ou maldição. Nossas escolhas nos conduzem à vida ou nos induzem à morte. Precisamos fazer escolhas sábias. Aconselho você a escolher a vida e a seguir exemplos dignos de serem imitados. Que Deus ilumine seu coração para que, na escola da vida, você saia aprovado, recebendo bênçãos e sendo abençoador!

PARTE 1

A GRANDE ESCOLA DE DEUS

1

A ESCOLA: A VIDA

Vale a pena saborear a vida! Ela é um precioso dom de Deus. Devemos recebê-la com profundo senso de gratidão e cuidar dela com responsável mordomia. Não geramos nossa própria vida; nós a recebemos de Deus por meio de nossos pais. Ela nos foi dada como um tesouro muito precioso.

A vida é um patrimônio sagrado. Devemos cuidar dela com todo esmero. Não há banquete melhor do que a alegria do coração. A vida é o banquete da providência divina. Viver é algo maravilhoso! Deus fez todas as coisas para nosso aprazimento. Ele nos deu vida, saúde, inteligência e criatividade. Por conseguinte, é nosso dever cultivar essa dádiva sublime a fim de torná-la um jardim engrinaldado de flores, e não um deserto árido; um canal de bênção, e não um motivo de sofrimento para os outros.

A vida é um mosaico em que coisas boas e ruins acontecem. Sem a profundidade dos vales, jamais poderíamos apreciar a beleza dos montes. Sem a escuridão da noite, jamais poderíamos apreciar a grandiosidade do céu estrelado. Sem a dor das lágrimas, jamais poderíamos compreender a grandeza do consolo. "Há tempo de viver e tempo de morrer. Tempo de chorar e tempo de rir. Tempo de abraçar e tempo de abster-se de abraçar" (Eclesiastes 3:2a,4a,5b).

Não são as circunstâncias, no entanto, que determinam como será a vida de alguém. Não são as circunstâncias que fazem a pessoa; é a pessoa que faz as circunstâncias. Podemos transformar um jardim num deserto bem como fazer do deserto um lugar cheio de verdor. A questão central não é o que as pessoas fazem conosco, mas como reagimos ao que elas nos fazem. Diante das mesmas circunstâncias, uns naufragam, outros triunfam. A crise é uma encruzilhada, e alguns caminham pelas estradas da bem-aventurança enquanto outros pegam os atalhos sinuosos do fracasso. Enquanto uns olham para o pântano, outros olham para as estrelas. Enquanto uns naufragam diante das tempestades, outros fazem seu caminho na tormenta.

Não somos produto das crises, elas apenas nos revelam. Os maiores heróis da humanidade nasceram do ventre da crise e foram forjados no deserto das provas. Os maiores líderes da história foram treinados no deserto.

O escritor e pregador inglês John Bunyan escreveu *O peregrino*, o livro mais lido no mundo depois da Bíblia, enquanto esteve preso por 14 anos em Bedford, na Inglaterra, pelo simples fato de pregar o evangelho em praça pública. Através das grades de sua prisão, ele via sua filha primogênita cega vivendo em grandes privações. Quando os tentáculos da depressão enfiavam nele suas garras, Bunyan buscava em Deus abrigo e, em vez de capitular sob o peso esmagador da depressão, escreveu o mais fantástico romance evangélico de todos os tempos.

O virtuoso musicista alemão Ludwig Van Beethoven, devido a uma surdez progressiva, ficou completamente surdo aos 46 anos de idade. Sua brilhante carreira musical parecia chegar ao fim. Porém, depois disso, compôs ainda mais cinco sinfonias, suas músicas mais excelentes.

A norte-americana Fanny Crosby viveu 92 anos. Conhecia de cor o Novo Testamento e o Pentateuco. Escreveu mais de 8 mil hinos, muitos dos quais cantava de cor. Seus hinos são entoados no mundo inteiro e ainda inspiram milhões de cristãos. Essa heroica mulher ficou cega na sexta semana de vida. Entretanto, as trevas de sua cegueira não lhe roubaram a alegria da vida nem o entusiasmo para fazer o melhor para Deus.

Não devemos desistir da vida apenas porque estamos atravessando desertos áridos. O sofrimento é a escola da vida em que aprendemos as maiores lições. O deserto das provas não é um acidente, mas um apontamento. Ele faz parte do currículo de Deus para nós. O sofrimento está na agenda de Deus não para nos destruir, mas para nos fortalecer. O fogo das provas queima as escórias, mas depura o ouro.

Perguntas difíceis

Enfrentamos situações na vida que nos deixam perplexos e cheios de interrogações. Há perguntas difíceis de responder. Há questionamentos para os quais não obtemos uma resposta clara. Algumas vezes, parece que a fé está contra a fé e a Palavra de Deus está contra a Palavra de Deus.

Mesmo quando obedecemos a Jesus, somos colhidos por uma terrível e ameaçadora tempestade. Como entender isso?

É mais fácil pensar que a obediência tem sempre recompensa imediata. Mas como conciliar a vontade de Deus com a crise que se instala em nossa vida? Como conciliar a ordem de Jesus com os perigos que conspiram contra nós no exato momento que estamos fazendo o que Ele nos ordenou?

A diferença entre um crente e um ateu não se revela nas circunstâncias, ou seja, no que acontece na vida deles. O crente sofre os mesmos problemas que um não crente. Ele fica doente, desempregado e enlutado do mesmo jeito. A diferença entre um e outro não são as circunstâncias, mas o fundamento sobre o qual cada um constrói a sua vida.

No término do sermão do monte, Jesus afirmou que só existem dois tipos de pessoas no mundo: aquelas que ouvem as suas palavras e obedecem e aquelas que ouvem e desobedecem.

> Todo aquele, pois, que ouve estas minhas palavras e as põe em prática será comparado a um homem prudente, que edificou sua casa sobre a rocha. E a chuva caiu, os rios se encheram, os ventos sopraram e bateram com força contra aquela casa; contudo ela não caiu, porque estava alicerçada na rocha. Mas todo aquele que ouve estas minhas palavras e não as põe em prática será comparado a um homem insensato, que edificou sua casa sobre a areia. E a chuva caiu, os rios se

encheram, os ventos sopraram e bateram com força contra aquela casa; e ela caiu; e a sua queda foi grande (Mateus 7:24-27).

A Palavra de Deus diz que Cristo é o fundamento. Construir nossa vida fora de Cristo é edificar para o desastre. O que distingue um ouvinte prudente de um ouvinte insensato não são as circunstâncias, mas o fundamento sobre o qual sua vida está edificada. Ambas as casas, a edificada sobre a rocha e a edificada sobre a areia, passaram pelas mesmas provações. Aparentemente eram iguais. Para um observador desatento, eram semelhantes. Na hora da tempestade, porém, uma casa caiu e a outra ficou de pé. Da mesma forma, o falso crente pode ser parecido com o crente verdadeiro. Quem olha de longe não vê diferença. Porém, quando chega a prova, um cai e o outro fica firme. A diferença entre eles é o alicerce sobre o qual cada um edificou a sua vida.

O cristão não é poupado dos problemas, mas nos problemas. Vida cristã não é colônia de férias. Vida cristã não é sala vip. Andar com Deus não é pisar tapetes aveludados. Obedecer a Deus não é viver dentro de uma redoma de vidro, numa cálida incubadora espiritual. O cristianismo não é uma apólice de seguros contra os perigos da vida. Neste mundo vamos ter aflições.

A ESCOLA: A VIDA

Não podemos nos blindar contra os reveses da vida. A vida não é indolor. Nosso coração é um campo onde se travam muitas batalhas. Aqui é lugar de guerra. Nessa peleja renhida, muitas vezes, nosso coração conhece profundas amarguras. Lutamos contra medos e fraquezas. Travamos uma batalha sem trégua contra o Diabo e o pecado. Pelejamos contra os outros e ainda contra nós mesmos. Muitas vezes, entramos no palco da vida como um ser ambíguo e contraditório. Decepcionamos as pessoas e elas nos decepcionam. Choramos por nós mesmos e pelos membros da nossa família.

Nessa saga cheia de gemidos, a cidadela do nosso coração é um país distante e uma terra desconhecida onde não repartimos nossas amarguras mais profundas com os íntimos nem as alegrias com os estranhos. Muitas vezes, a solidão é nossa companheira de caminhada. Conversamos com nossa própria alma. Abrimos com nosso próprio coração um solilóquio no qual rasgamos o íntimo para conhecer nossas amarguras e alegrias. Olhamos nos olhos daquele que vemos no espelho e o enfrentamos sem subterfúgios. Entramos pelos corredores da alma e não escapamos pelas vielas laterais. Lidamos com o nosso mais difícil interlocutor. Falamos com o nosso ouvinte mais exigente. Confrontamos a nós mesmos com a verdade.

Fazemos uma viagem rumo à nossa intimidade em vez de olharmos para os outros.

Olhar para dentro é mais difícil do que olhar para fora. É preciso ter coragem para tirar a trave do nosso olho em vez de tentar tirar o cisco do olho do próximo. É mais fácil falar a uma multidão do que conversar com a própria alma. É mais fácil exortar os outros do que corrigir a nós mesmos. É mais fácil apontar os pecados dos outros do que enxergar os nossos próprios. É mais fácil entregar-se ao desânimo do que alimentar nossa alma com o otimismo.

Porém não aprendemos as grandes lições da vida em dia de festa. O sofrimento é a escola superior do Espírito Santo, aquele nos gradua para uma vida de obediência. O próprio Filho de Deus aprendeu a obediência pelas coisas que sofreu (Hebreus 5:8). Podemos questionar a fidelidade, o cuidado e a proteção de Deus, como fizeram os salmistas e Jó, mas as tempestades são necessárias para consolidar a nossa fé. As tempestades não aparecem em nossa vida para nos destruir, mas para nos exercitar e nos deixar mais firmes.

A escola da vida

Na escola da fé, teremos provas ocasionais ou jamais saberemos onde estamos na caminhada espiritual. A fé

A ESCOLA: A VIDA

verdadeira sempre é testada e não se enfraquece nas provas, antes, torna-se ainda mais robusta e combativa. A fé não testada é insegura, infantil, imatura. A fé adulta é guerreira. A qualidade do metal é comprovada por aquilo que pode suportar. A coragem do soldado se evidencia na luta. Só uma casa edificada sobre a rocha enfrenta a fúria da tempestade sem desabar. As provas não só testam a fé, mas a revigoram. Os músculos exercitados tornam-se mais rijos, por isso, o corredor bem treinado tem melhor desempenho na corrida. As tribulações produzem paciência, e esta conduz a ricas e profundas experiências.

A vida é o lugar para todos aperfeiçoarem suas habilidades. É uma escola onde ninguém se gradua, onde nenhuma matéria se esgota; todos são sempre aprendizes. É como uma escola, mas não uma escola convencional. A escola ensina a lição e depois aplica a prova, a fim de testar o aprendizado de seu conteúdo; a vida faz o contrário, primeiro ela aplica a prova e depois ensina a lição. As provações, ainda que nos aflijam, visam ao nosso bem. Em vez de nos esmagarem tonificam a musculatura da nossa alma.

É por isso que a Palavra de Deus diz que devemos ter como "motivo de toda alegria o passardes por várias provações" (Tiago 1:2). A palavra "várias" vem do grego *poikilos*, que significa "de diversas cores". Há provações leves.

Vida: a grande escola de Deus

Há provações pelas quais você passa sem ficar alarmado. Outras mexem com suas estruturas. Porém certas provações pesadíssimas desestruturam sua vida e o jogam no chão. Como enfrentá-las? Gemendo? Murmurando? Revoltando-se contra Deus? Não! Devemos enfrentar esse campo de treinamento com toda alegria. Mas alegria por quê? Será que o cristão é um estoico ou um masoquista? Tem o cristão satisfação na dor? Mil vezes não! O sofrimento em si não é bom. Mas o sofrimento, trabalhado pelas mãos da divina providência, resulta no nosso bem, contribui para o nosso amadurecimento, desemboca em nossa santificação. Para cada provação, temos a graça suficiente de Deus. O termo grego *poikilos* significa também "multiforme". Se, de um lado, as provações são multicoloridas, também o é a graça de Deus. A graça é multiforme. Para cada provação temos uma graça suficiente para enfrentá-la.

Na escola da vida, quando Deus não remove "o espinho" é porque tem uma razão. Deus sempre tem um propósito no sofrimento. A vida é uma escola que prepara o crente para a eternidade. Crescemos e aprendemos a confiar em Deus na escola da provação. Um velho violinista explicou por que seu violino tinha grande qualidade. Ele era feito de certo tipo de madeira de uma árvore europeia. Mas nem todas as árvores daquele tipo produziam bons violinos como o dele. "As árvores na floresta, protegidas por outras árvores, não produziriam", disse ele. "Os bons violinos são fabricados com a madeira das árvores que crescem em ladeiras, que são envergadas pelos ventos e castigadas pelo sol, cujas raízes têm que penetrar profundamente no solo em busca de água e que têm que ser robustas para sobreviver". Assim também é a vida dos cristãos: crescem mais aqueles que são mais provados.

É Deus quem nos matricula na escola do deserto e faz isso não para nos destruir, mas para fortalecer nossa alma. Na academia do deserto, o grande tema a ser estudado é a nossa própria vida. Deus primeiro trabalha em nós, para depois trabalhar através de nós. Isso porque Deus está mais interessado em quem somos do que naquilo que fazemos. A vida com Deus precede o trabalho para Deus. Antes de Deus aceitar o nosso trabalho, Ele precisa se deleitar com nossa vida.

Além disso, na academia do deserto precisamos aprender a depender mais do provedor do que da provisão. Deserto é lugar de escassez. Quando Deus nos leva para o deserto, é para nos humilhar e provar. Mas, ainda que nossa despensa fique vazia, os celeiros de Deus continuam cheios. Mesmo que nossa fonte seque no deserto, os mananciais de Deus continuam jorrando. Se nos submetermos ao tratamento de Deus, sairemos do deserto mais quebrantados, mais dependentes e mais aptos a viver vitoriosamente.

Viver em fé

A confiança em Deus é o melhor antídoto contra as tempestades da vida. Confiar em Deus é caminhar sobre as ondas revoltas do mar da vida. É viver além das circunstâncias. É enxergar o brilho do sol mesmo através do dilúvio das lágrimas. Confiar em Deus é permanecer firme e inabalável mesmo quando o mundo ao nosso redor está estremecendo. Confiar em Deus é saber que Ele está ao nosso redor e que jamais seremos abalados.

Não seremos poupados dos vendavais. Ventos procelosos açoitam com rigor desmesurado os montes, mas estes permanecem firmes e inabaláveis. Mesmo diante das crises mais medonhas, dos terremotos mais violentos, das tempestades mais avassaladoras, os montes sobrevivem e permanecem firmes. Assim são todos aqueles que confiam no Senhor.

A fé em Deus é a âncora firme que nos dá estabilidade na hora da borrasca. A confiança em Deus tira nossos olhos das circunstâncias adversas e os coloca naquele que está no controle de todas as circunstâncias. Não somos chamados a duvidar, mas a crer. A dúvida é inimiga da fé. Aquele que duvida é inconstante como as ondas do mar. A dúvida produz tormento; a fé proporciona descanso. A dúvida transtorna a alma; a fé traz bonança. A dúvida nos empurra para a vala da incredulidade; a fé nos eleva às alturas da confiança. A dúvida nos deixa ao sabor das tempestades; a fé nos leva ao porto seguro da salvação.

A fé nos eleva acima dos sentimentos. A fé nos faz subir ao pico das montanhas mais altas, para contemplarmos os largos horizontes da esperança. A fé contempla o invisível, escuta o inaudível e toma posse do impossível. A fé ri das impossibilidades, pois seu objeto é Deus, e para Deus nada é impossível. "A fé é a certeza de coisas que se esperam, a convicção de fatos que se não veem" (Hebreus 11:1).

A fé cristã não é um sentimento difuso, vago, inseguro. A fé vê além dos olhos. A fé conhece além da razão. A fé cristã não é uma fé cega, que anda às apalpadelas e se lança num mar de escuridão. A fé cristã tem os olhos bem abertos. Seu objeto é o próprio Deus. A fé não é um salto no escuro, mas uma entrega consciente nos braços do Deus onipotente.

A fé não duvida nem titubeia. Seu oxigênio é a certeza. Sua essência é a convicção. A fé é certeza e convicção — certeza de coisas e convicção de fatos. Nada de subjetivo aqui. Certeza e convicção são concepções fortemente racionais e objetivas. Coisas e fatos são realidades concretas e verificáveis. Portanto, a verdadeira fé não flutua no mar do nada, mas caminha firme e resoluta sobre o sólido fundamento da verdade. A fé não anda pelo caminho escorregadio do racionalismo humano, mas trilha sobre as veredas retas da revelação divina.

A fé é o combustível dos crentes, pois eles são salvos pela fé, vivem pela fé, vencem pela fé e morrem na fé. "Tudo é possível ao que crê" (Marcos 9:23). A incredulidade agiganta os problemas e apequena Deus. A incredulidade atrai a derrota e afasta a vitória. Pela fé, porém, vencemos o mundo! O pecador é salvo pela fé; o justo vive pela fé, caminha de fé em fé e vence pela fé. Jesus indagou aos discípulos atordoados diante da tempestade no Mar da Galileia: "Por que sois assim tímidos?! Como é que não tendes fé?" (Marcos 4:40). À Marta, Jesus declarou: "Se creres, verás a glória de Deus" (João 11:40). Ele consolou Jairo, chefe da sinagoga que acabara de receber a notícia da morte de sua única filha, dizendo: "Não temas, crê somente" (Marcos 5:36). Quando Jesus está conosco, não precisamos nos alarmar diante das grandes tragédias da vida. Quando Jesus caminha conosco, o solo da ressurreição silencia o coral da morte. Quando Jesus intervém, a morte não tem mais a última palavra.

É verdade que, em momentos na vida, somos entrincheirados por circunstâncias medonhas e atormentados por sentimentos avassaladores. Nessas horas, somos encurralados num beco sem saída e parece que o livramento se torna impossível. Sentimo-nos impotentes diante do gigantismo do problema. Ficamos esmagados debaixo de um rolo compressor, prostrados e sem esperança. Ao mesmo tempo que essas circunstâncias adversas nos mostram sua carranca, nossos sentimentos entram em convulsão, agitados por um vendaval indomável. Foi assim que muitos homens e mulheres da Bíblia se sentiram diante de perseguidores que queriam lhes tirar a vida. O que fazer nessas horas?

A Palavra nos ensina a esperar em Deus, ainda que silenciosamente, sem nenhum discurso, sem nenhum argumento, sem nenhuma palavra. Isso porque Deus é a nossa esperança e dele vem a nossa esperança.

Esperar não é uma coisa fácil. Diz a canção popular: "Vem, vamos embora, que esperar não é saber; quem sabe faz a hora, não espera acontecer".[1] Temos pressa e somos impacientes. Não raro, ao passarmos pelo vale de prova, pelo deserto causticante, tornamo-nos impacientes e até revoltados. A ordem da Palavra de Deus, porém, leva-nos a outra direção. Devemos ser pacientes na tribulação. A paciência não é uma atitude estoica de suportar a dor com

---

[1] VANDRÉ, Geraldo. *Pra não dizer que não falei das flores*, 1968.

os dentes trincados, mas a ação de lidar com a tribulação com uma paciência triunfante.

Jesus não chega atrasado. O seu socorro vem em hora oportuna. As tempestades têm uma só finalidade na vida dos justos: levá-los a uma experiência mais profunda com Jesus.

As tempestades que Deus permite em nossa vida têm por objetivo nosso crescimento. Elas são pedagógicas. Fortificam os músculos do espírito. A vida cristã não é uma estufa. Cristo não nos tira do mundo, mas nos guarda do mal. As tempestades são necessárias. Elas provam a nossa fé, trazem experiência para aqueles que singram as águas da vida e nos dão uma dimensão clara das nossas fraquezas e da onipotência de Jesus.

Não somos poupados das tempestades, mas temos livramento nas tempestades. Enfrentamos doenças, mas temos o óleo de Gileade como terapia. Cruzamos os vales da sombra da morte, mas temos a presença amiga e consoladora do divino pastor para nos encorajar. Passamos pelas ondas, pelos rios e até pelo fogo, mas o Senhor sempre aparece para nos livrar (Isaías 43:2). Jesus é o quarto homem na fornalha ardente (Daniel 3:24,25). O Senhor não nos livra da fornalha, mas nos salva do fogo dela.

Jesus não vem ao nosso encontro no nosso tempo, dentro das demandas da nossa agenda. Ele sempre vem no tempo de Deus. Anda pela agenda do céu. Irrompe em nossa crise no *kairós* de Deus. Jesus sempre vem ao nosso encontro, mas no seu tempo, de acordo com o seu plano e para realizar os seus propósitos.

Precisamos aprender a olhar para a vida com os olhos de Deus. Concordamos com as palavras do poeta inglês William Cowper: "Por trás de toda providência carrancuda, esconde-se uma face sorridente". Confiamos plenamente no que afirmou o bandeirante do cristianismo, o veterano apóstolo Paulo: "Sabemos que todas as coisas cooperam para o bem daqueles que amam a Deus, daqueles que são chamados segundo o seu propósito" (Romanos 8:28).

A vida do justo não é um ziguezague, uma jornada incerta pelos caminhos incertos da vida. A vida do justo não é uma penumbra lôbrega, mas uma luz que brilha do alto do monte. A vida do justo não é luz bruxuleante, como uma lamparina sem combustível que se vai apagando. A vida do justo não é estagnada como as águas de uma cacimba. A vida do justo é dinâmica e vitoriosa. O justo caminha de força em força, de fé em fé, sendo transformado de glória em glória. É como a luz da aurora. A luz da aurora começa tênue, invadindo as trevas da noite timidamente. Aos poucos, porém, o sol, garboso como um noivo que sai dos seus aposentos, lava seu rosto no orvalho da manhã e do cume dos montes vai espargindo sua luz por vales e encostas, até que toda a terra se encha de seu brilho e calor.

Assim é a vida do justo. Hoje brilha mais do que ontem; amanhã brilhará mais do que hoje. Até o dia em que estará na glória, na cidade cuja lâmpada é o Cordeiro. Então, todos os justos terão um corpo de glória, semelhante ao corpo da glória do Senhor Jesus. Nosso corpo brilhará como os astros. Será o dia perfeito. O dia que não terá fim. O dia que não será sucedido pela noite, o dia que inaugurará a gloriosa eternidade!

2

O PROFESSOR:
DEUS

Não podemos conhecer a nós mesmos sem antes conhecer a Deus. Quanto mais focarmos em nós, mais aflitos ficaremos e mais longe da verdade. Quanto mais perto de Deus mais entenderemos a nós mesmos e as circunstâncias que nos cercam.

Certa feita, um garotinho perguntou ao pai: "Papai, qual é o tamanho de Deus?". O pai, confuso com a intrigante pergunta do filho, olhou para o céu e viu um avião cruzando as alturas. O pai, então, perguntou ao menino: "Filho, olhe para o céu e veja aquele avião. Ele é pequeno ou grande?". O garoto olhou e respondeu: "Pequeno, papai, muito pequeno". Depois, o pai levou o filho ao aeroporto e lhe mostrou um grande jumbo estacionado no pátio e perguntou: "Filho, qual é o tamanho deste avião?". E o menino respondeu: "Grande, papai, muito grande". O pai, então, explicou ao garoto: "Meu filho, é assim também com Deus. Quando você está longe de Deus, Ele parece pequeno para você, mas, quando você está perto de Deus, Ele se torna muito grande".

O tamanho de nosso Deus nos ajuda a compreender as realidades da vida. Mas quem é o nosso Deus? Qual é a dimensão do seu poder?

Deus é o criador do universo e o sustentador da vida. O profeta Isaías diz que Deus é aquele que mede as águas na concha de sua mão e mede o pó da terra em balança de precisão. Deus é aquele que mede os céus a palmos e os estende como uma cortina para neles habitar. Deus espalha as estrelas no firmamento e, por ser forte em força e grande em poder, quando as chama, nenhuma delas vem a faltar (Isaías 40:12-26). Do nada, Ele tudo criou pela palavra do seu poder e para o louvor da sua glória.

Deus é maior que o universo; independe dele e soberanamente o governa. Ele é livre e soberano. Ele faz todas as coisas conforme o conselho de sua vontade. Ninguém pode pressionar Deus nem o colocar contra a parede. Deus

O Professor: Deus

não age dentro do nosso tempo nem conforme a nossa vontade. Seus caminhos são mais altos do que os nossos. Seus pensamentos são mais elevados do que os nossos. Ninguém foi seu conselheiro nem jamais alguém ensinou a Ele a sabedoria. O profeta Isaías ressalta essa verdade quando diz: "Quem guiou o Espírito do Senhor, ou lhe ensinou como conselheiro? A quem ele pediu conselho, para lhe dar entendimento e lhe mostrar o caminho da justiça? Quem lhe ensinou conhecimento e lhe mostrou o caminho do entendimento?" (Isaías 40:13,14). Deus é o detentor de todo o saber. Ele conhece tudo, tem o controle de tudo e levará o universo e a nossa vida a uma consumação gloriosa.

Deus é incriado, autoexistente, imenso, infinito, eterno, imutável, onipotente, onipresente, onisciente, soberano, transcendente, sem deixar de ser imanente. Ele está fora da criação e nela presente. Está assentado no alto e sublime trono. Governa as nações e tem as rédeas da história em suas mãos. Ele levanta e destrona reis. Ergue e abate reinos. Faz todas as coisas conforme o conselho de sua vontade. Não obstante ser majestoso e revestido de glória, Deus se importa com a sua criação. Ele ama seus filhos e cuida deles. Nossa vida não está jogada ao léu, ao sabor das circunstâncias. Está nas mãos daquele que se assenta na sala de comando do universo.

Passaremos com Ele toda a eternidade e jamais esgotaremos o conhecimento de Deus. Mesmo recebendo um corpo de glória e despojados completamente do pecado, jamais conseguiremos conhecer totalmente Deus. Depois que estivermos na glória, passado um milhão de anos, ainda estaremos conhecendo Deus. Passado um bilhão de anos, ainda estaremos conhecendo Deus. Na verdade, Deus é inesgotável. O céu certamente não será uma bem-aventurança estática, mas uma deliciosa e dinâmica realidade de comunhão com Deus, pois nele nos alegraremos e deleitaremos pelo desdobrar da eternidade.

O plano perfeito do Criador

Deus criou o universo mediante um plano perfeito, eterno e vitorioso. Deus não improvisa. Nada o apanha de surpresa. Ninguém consegue se esconder da sua presença, pois Ele é onisciente. Ninguém pode escapar do seu controle e vigilância, pois Ele é onipresente. Ninguém consegue desafiar o seu poder e prevalecer, pois Ele é onipotente. O universo não deu origem a si mesmo. A geração espontânea é uma teoria falaciosa. O universo não é produto de uma explosão cósmica. A desordem não pode gerar a ordem, nem o caos pode dar origem ao cosmos. O universo não é fruto de uma evolução de milhões e milhões de anos. Deus criou o universo pela palavra do seu poder. E não apenas fez todas as coisas, mas as fez com um propósito definido. Até mesmo os perversos foram feitos para o dia da calamidade. A rebelião dos perversos não deixa Deus em crise e confuso. Embora eles sejam totalmente responsáveis por sua rebelião, essa mesma rebelião cumpre o propósito de Deus.

Nada escapa ao controle divino. Ele está assentado na sala de comando do universo. Sequer um fio de cabelo da nossa cabeça pode ser tocado sem que Ele o permita. Ninguém pode nos atingir sem que Ele tenha um propósito. Satanás não é livre para nos atacar sem que Deus lhe dê permissão e sem que Deus tenha um propósito sublime na prova.

O plano de Deus é completo. Inclui as grandes coisas e também as pequenas. Inclui as coisas reveladas e também as ocultas. Inclui aquelas que claramente percebemos e aquelas que não discernimos. Deus nunca falha. Seus planos não podem ser frustrados. Sua vontade não pode ser derrotada. O propósito de Deus sempre prevalece. Ele é soberano e faz todas as coisas conforme o conselho de sua vontade. Diz o salmista: "O nosso Deus está nos céus; ele faz tudo de acordo com sua vontade" (Salmos 115:3).

Deus é o Senhor da história e segura as rédeas dos acontecimentos em suas mãos. Nosso coração faz muitos planos, porém não é a nossa vontade que prevalece, mas o propósito de Deus. Não é a nossa palavra que permanece de pé, mas a resposta certa que vem dos lábios do Senhor. Deus conhece o futuro em seu eterno agora. Deus vê o que se esconde nos corredores escuros do futuro. Para Ele, não há diferença entre claro e escuro. Nada escapa ao seu conhecimento. Ele domina sobre tudo e sobre todos. O controle remoto do universo está em suas onipotentes mãos. Deus é quem tem a última palavra.

Quando passamos pelo vale da dor, precisamos olhar para a majestade de Deus e não para a profundidade das nossas feridas. Se olharmos para nós, entraremos em pânico; se olharmos para Deus, sentiremos paz no vale. Se observarmos os ventos contrários e o rugido da tempestade, naufragaremos, mas, se fixarmos os olhos em Cristo, caminharemos sobre as ondas revoltas.

As nossas provações não vêm para nos destruir, mas para fortalecer as musculaturas da nossa alma. O sofrimento não vem para nos devastar, mas para nos santificar e nos fortalecer. O deserto não é um acidente de percurso, mas um apontamento de Deus.

O deserto é o ginásio de Deus, a escola superior do Espírito Santo, onde Deus treinou seus mais importantes líderes. No deserto, Deus nos treina e nos capacita para os grandes embates da vida. O deserto não nos promove; ao contrário, o deserto nos humilha e nos prova.

Na escola do deserto, aprendemos que nada somos, mas Deus é tudo. Aprendemos a depender mais do provedor que da provisão. Mesmo quando a providência que nos cerca é carrancuda, Deus nos mostra sua face benevolente. Nosso Deus inspira canções de louvor nas noites escuras. Ele abre rios no ermo, faz brotar água da rocha e uma fonte de consolo de nossas feridas.

No deserto, Deus trabalha em nós para depois trabalhar através de nós. Só quando nos assentamos aos pés do Senhor, na escola do aprendizado, é que podemos subir à tribuna e ensinar com autoridade. Só quando nos abastecemos com a verdade que procede da boca de Deus é que podemos gotejar a sã doutrina para os famintos do pão do céu. O fluxo do aprendizado deságua no refluxo do ensino.

Do deserto, saímos fortalecidos e vitoriosos. O sofrimento do presente redunda em glória no futuro. O sofrimento é o prelúdio da glória. Aqui há lágrimas e dor, mas, quando cruzarmos os umbrais da eternidade, Deus enxugará dos nossos olhos toda a lágrima e a dor não mais existirá. Quando olhamos para o presente à luz do futuro, nossa leve momentânea tribulação produz para nós eterno peso de glória.

O sofrimento é pedagógico, pois o próprio Filho de Deus aprendeu pelas coisas que sofreu. Logo, quando Deus nos permite passar pelo vale da dor, Ele está esculpindo em nós o caráter de Cristo e nos capacitando para sermos consoladores daqueles que estiverem passando pelas mesmas aflições. O sofrimento é a academia de Deus, na qual somos treinados para os grandes embates da vida. Com o sofrimento vem o aprendizado, o aprendizado dos decretos divinos. Tem sempre um fim proveitoso.

O Deus que discerne corações

Só Deus pode examinar nosso interior e nos conhecer. Assim como o crisol prova a prata e o forno prova o ouro, só Deus pode provar quem realmente somos. O salmista, após anunciar a onisciência, a onipresença e a onipotência de Deus, orou: "Sonda-me, ó Deus, e conhece o meu coração, prova-me e conhece os meus pensamentos; vê se há em mim algum caminho mau e guia-me pelo caminho eterno" (Salmos 139:23,24).

Quanto mais perto de Deus estamos, mais conhecemos a pecaminosidade de nosso coração. O coração do ser humano é um país distante, povoado por muitos, mas compreendido por poucos. Penetramos nos segredos mais intrincados da ciência. Alcançamos as alturas excelsas das conquistas mais esplêndidas. Deciframos os grandes mistérios do universo. Conquistamos o espaço sideral, chegamos à Lua e fizemos pesquisas interplanetárias. Mergulhamos na vastidão do universo e descemos aos detalhes do microcosmo. Agilizamos de forma exponencial o processo da comunicação. Viramos o universo pelo avesso, diagnosticando suas entranhas, mas não conseguimos entender nosso próprio coração.

Não conhecemos a nós mesmos. Não sondamos a nós mesmos. Não administramos as cogitações que brotam do nosso íntimo. Nosso coração é enganoso e desesperadamente corrupto. Jesus disse que é do coração que procedem os maus desígnios, como a prostituição, os furtos, os homicídios, os adultérios, a avareza, as malícias, o dolo, a lascívia, a inveja, a blasfêmia, a soberba e a loucura. Os propósitos do seu coração são como águas profundas. O apóstolo Paulo pergunta: "Porque, qual dos homens sabe as coisas do homem, senão o seu próprio espírito, que nele está? Assim, também as coisas de Deus, ninguém as conhece, senão o Espírito de Deus" (1Coríntios 2:11). O lema dos gregos era "Conhece-te a ti mesmo", mas o homem não consegue conhecer a si mesmo realmente sem antes conhecer a Deus. Somos seres incógnitos e misteriosos até termos nossos olhos iluminados pela graça. Somente então poderemos nos conhecer e trazer à tona os propósitos do nosso coração. É no conhecimento de Deus que conhecemos a nós mesmos. É quando o Espírito Santo nos sonda que sondamos a nós mesmos. É ao desabrochar para Deus que mergulhamos em nós mesmos para trazer à baila os desígnios do coração.

Deus não é um ser apático e amoral. Ele se deleita naqueles que andam em integridade e sente repulsa pelos perversos de coração. Tem prazer na vida do justo e abomina aqueles que, no coração, maquinam o mal. Deus não se impressiona com as aparências. Muitos perversos de coração têm palavras doces, gestos nobres e se apresentam como verdadeiros beneméritos da sociedade, mas Deus não se deixa enganar. Não se impressiona com o desempenho rebuscado. Ele vê o coração, e não apenas o exterior. Deus abomina não somente a perversidade quando já está com seu maldito fruto maduro; Deus abomina o perverso quando essa maldade é apenas uma semente em seu coração.

Se os perversos de coração são abomináveis para Deus, os que andam em integridade são o seu prazer. As pessoas que mais choraram pelos seus pecados não foram as que mais acintosamente pecaram contra Deus, mas aquelas que mais perto de Deus andaram. Quando o ser humano está longe da luz, não consegue ver as manchas e nódoas de seu pecado. Mas, quando se está perto da luz, até mesmo a sujeira mais discreta é percebida.

Deus é luz, e não podemos ter comunhão com Ele andando nas trevas. Deus é santo, e não podemos navegar pelos mares da impureza e ao mesmo tempo desfrutar de intimidade com Ele. Só os puros de coração verão a Deus. Só aqueles que trajam vestiduras brancas andarão na cidade santa com o Senhor.

Jesus: mediador, mensagem e mestre

Quando o homem pecou, ele transgrediu a lei de Deus e ficou como devedor à sua justiça. A lei é boa, é santa e espiritual. Ela é, porém, inflexível. O padrão da lei é a perfeição absoluta. A penalidade para quem não atinge essa expectativa é a morte, pois a alma que pecar essa morrerá, visto que o salário do pecado é a morte. Deus é justo e não inocentará o culpado. A situação do ser humano é desesperadora, visto que seremos julgados segundo as nossas obras, e pelas obras da lei ninguém será justificado diante de Deus. Um só pecado nos afastaria do céu, visto que lá não entrará nada contaminado.

Jesus veio ao mundo como nosso representante. Nas religiões do mundo inteiro há uma multidão de intercessores, mas a Palavra de Deus diz que existe um só mediador.

Assim como existe um só Deus, também há um só mediador entre Deus e os homens, Jesus Cristo, homem. Ele cumpriu a lei por nós. Recebeu em seu corpo a punição dos nossos pecados. Bebeu sozinho o cálice amargo da ira de Deus contra o pecado. Sorveu cada gota do juízo divino contra o pecado. Jesus se fez pecado por nós. Foi feito maldição por nós. O castigo que nos traz a paz estava sobre Ele. A espada que estava para cair sobre a nossa cabeça caiu implacavelmente sobre Ele. O veneno mortal do pecado inoculado em nós pela antiga serpente, Satanás, foi lançado sobre Ele. Na cruz, Jesus sofreu o duro golpe da lei contra o pecado. Na cruz, pagou com o seu sangue o preço da nossa redenção. Na cruz, rasgou o escrito de dívida que era contra nós. Com a sua morte, quitou a nossa dívida. Com o seu sangue, Ele nos alforriou de toda a penalidade da lei. Jesus satisfaz a justiça violada de Deus por nós. Jesus é a nossa justiça. Ele nos justificou diante de Deus. Por sua morte, Jesus abriu para nós um novo e vivo e caminho para Deus. Por meio dele, temos livre acesso ao trono da graça. Deus estava em Cristo reconciliando consigo o mundo.

Jesus é o caminho para Deus, e ninguém pode ter acesso ao Pai a não ser por Ele. Jesus é a porta do céu, e ninguém pode entrar no paraíso a não ser por Ele. Jesus é o advogado, o justo, e ninguém poderá ser absolvido no tribunal de Deus a não ser por Ele. Jesus é o sumo sacerdote, e ninguém pode oferecer um sacrifício perfeito e eficaz por nós a não ser Ele. Jesus é o intercessor legal junto ao Pai, e ninguém pode ficar livre das acusações terríveis do Diabo a não ser por meio dele.

Jesus é o próprio Deus em figura humana. Aquele bebê que nasceu numa manjedoura e foi enfaixado em panos é o Rei da glória. É a expressão máxima do ser de Deus, o resplendor de sua glória. Quem vê Jesus vê o próprio Deus, pois Ele e o Pai são um. Quem ouve sua voz escuta a voz do próprio Deus, pois Ele é Deus! Os profetas falaram da parte de Deus, dizendo: "Assim diz o Senhor". Mas Jesus, sendo Deus, declara: "Eu, porém, vos digo". Jesus é o profeta e a profecia, o mensageiro e a mensagem, o pregador e o conteúdo da pregação. Ele é o centro da eternidade e da história. Jesus é o centro da Bíblia e da igreja. Jesus é tudo em todos. Ele é o caminho para Deus, a porta do céu, o único mediador entre Deus e os homens. Jesus é o pão do céu para os famintos, a água da vida para os sedentos, o único que pode nos reconciliar com Deus e nos dar a vida eterna.

Quando ouvimos Jesus, escutamos o mais eloquente discurso de Deus. Ele não trovejou do céu palavras inflamadas, rebuscadas de loquacidade, emolduradas de rara beleza retórica para descrever o seu amor pelo homem. Seu discurso não foi uma peça de oratória divinamente elaborada, foi uma dádiva de sacrifício. Sua voz entrou na história não como o ribombar de um trovão, mas como o soluço do Pai que entrega seu único Filho por amor.

Podemos afirmar que a revelação de Deus em Cristo é maior do que a sua revelação através das coisas que foram criadas. Jesus é maior do que o universo. Ele é maior do que a criação. A glória de Cristo brilha mais do que o sol. Não são as estrelas que ditam os rumos da nossa vida. A voz diáfana do céu não vem do estudo dos astros. A palavra de Deus não emana da astrologia. O grande enigma do universo não é decifrado se examinando a complexidade dos mundos vastíssimos e insondáveis que estão salpicados no cosmo. Jesus é a chave que decifra os mistérios do universo e de seus propósitos. Ele é transcendente. Na verdade, Ele é o Criador. Foi Ele quem trouxe à existência os mundos estelares, as galáxias, os planetas, os mares, a terra. Jesus é a palavra criadora de Deus. Ele é o verbo da ação divina. Por meio dele tudo veio a existir. Ele é a origem de todas as coisas.

Jesus não só é o Criador como também é o sustentador de tudo que Ele mesmo criou. Ele não é o Deus desconhecido dos agnósticos, nem o Deus distante dos deístas, nem mesmo o Deus difuso dos panteístas. Ele é o Deus presente, imanente, que governa e intervém. Nele tudo subsiste. Mas Jesus não apenas é o criador e sustentador do universo, Ele é também o dono do universo. É o herdeiro de todas as coisas. Tudo o que existe é dele e para Ele. Somos propriedade exclusiva dele. Ele nos comprou. Ele tem todo o poder e toda a autoridade e diante dele se dobra todo joelho no céu, na terra e debaixo da terra.

Jesus é a espinha dorsal da Bíblia. É o centro das Escrituras. Ele é o motivo do cântico angelical que cobriu os céus de Belém. Ele é o fio escarlate que entretece toda a história da humanidade. É o estrato da voz embargada de Deus que revelou ao homem seu infinito amor. Jesus é a razão do soluço do Pai ao vê-lo desamparado na cruz. Jesus é o motivo da incontida alegria que tomou conta dos discípulos na manhã da ressurreição. Jesus é a Palavra feita carne, revelada na palavra escrita de Deus.

Sendo o conteúdo mais sublime da mensagem, é também o mais excelso dos mensageiros. Jesus foi o maior de todos os pregadores e o mais excelente de todos os mestres. Muitos mestres ilustres encheram bibliotecas com sua erudição. Esses mestres percorreram com grande desenvoltura os corredores do saber humano. Porém, entre todos, Jesus se destaca como o Mestre dos mestres. Ele mesmo se apresentou como Mestre. Seus discípulos o chamaram de Mestre. Até mesmo seus inimigos reconheceram que Ele era Mestre. Jesus não foi um alfaiate do efêmero, mas o escultor do eterno.

Jesus foi o Mestre dos mestres, por algumas razões. Em primeiro lugar, *pela pureza de caráter*. Todos os mestres são limitados em conhecimento e falhos em ética. Jesus, porém, nunca pecou. Nunca houve dolo em sua boca. Ele é o Mestre e o conteúdo do ensino, o Mensageiro e a mensagem.

Segundo, *pela variedade de seus métodos*. Jesus ensinou por parábolas e por contrastes, por palavras e pelo silêncio, pela doutrina e pelo exemplo. Usou figuras e símbolos com incomparável profundidade e diáfana clareza.

Terceiro, *pela excelsitude de sua doutrina*. Jesus veio do céu para nos ensinar as palavras de vida eterna. Não gastou seu tempo ensinando banalidades. Suas palavras são espírito e vida. Ele não apenas falou sobre a verdade; Ele é a verdade. Sua doutrina não é fruto da lucubração humana, mas o extrato da revelação divina. Seu ensino se refere às coisas que os olhos não viram e os ouvidos não ouviram. Fala sobre a vida plena no tempo e as bem-aventuranças por toda a eternidade. Proclama a libertação do pecado, a redenção pelo sangue da cruz, a justificação pela fé, a santificação do Espírito, a glorificação eterna.

Espírito Santo: glorificador, consolador e intercessor

Jesus veio para glorificar o Pai, e o Espírito Santo veio para glorificar Jesus. Jesus nos mostrou o Pai, e o Espírito nos revela Jesus. Jesus foi para o Pai e enviou o outro Consolador, o Espírito Santo. O Espírito Santo não é outro diferente, mas outro da mesma natureza e da mesma substância. O Espírito Santo é Deus, da mesma substância do Pai e do Filho. Jesus é eternamente gerado do Pai, e o Espírito Santo procede eternamente do Pai e do Filho. Ele agiu na criação do mundo, pois por meio dele é que Deus renova a face da terra.

O Espírito veio para glorificar a Jesus. Ele é o Espírito da verdade, que veio para nos ensinar e nos fazer lembrar tudo o que Cristo nos ensinou. Ele é o preceptor divino, o mestre por excelência. É Ele quem nos guia pelas veredas da verdade.

É o Espírito Santo que opera em nós a salvação. É Ele que nos convence do pecado e nos regenera. É Ele quem nos sela como propriedade exclusiva de Deus e habita em nós como penhor da nossa redenção. É a garantia de que somos de Deus e de que um dia teremos um corpo de glória.

É o Espírito Santo quem nos batiza no corpo de Cristo e nos dá dons espirituais. É Ele quem nos santifica e nos dá poder para vivermos vitoriosamente. Foi Ele quem inspirou as Escrituras e é Ele quem nos ilumina para entendê-las.

O Espírito Santo intercede por nós de forma tão intensa e agônica, que, mesmo conhecendo todos os idiomas e dialetos de todos os povos, de todos os tempos, não encontra uma única língua para interceder por nós, em nós, ao Deus que está sobre nós. Então, Ele geme! Ele é o nosso consolador, aquele que nos refrigera a alma, alegra o coração e nos faz cantar mesmo no vale do sofrimento. É Ele quem nos consola em nossas angústias, quem nos assiste em nossas fraquezas e intercede por nós.

A obra do Espírito em nós é progressiva. Numa visão, o profeta Ezequiel vê as águas que brotam do templo, de debaixo do altar (Ezequiel 47:1-5). Essas águas são medidas: no começo, chegam aos seus tornozelos; depois, aos joelhos; mais tarde, aos lombos; finalmente, tornam-se correntezas profundas e caudalosas. Por onde esse rio passa, leva a vida.

Esse rio fala da obra do Espírito Santo em nós. Há quatro estágios dessa obra. O primeiro estágio é o *discipulado*. As águas batem nos tornozelos. Isso remete à caminhada cristã, aos primeiros passos do discipulado.

O segundo refere-se *à vida de oração*. Nossa caminhada precisa desembocar em joelhos dobrados em oração. O Espírito Santo nos leva à Palavra e nos constrange a orar. Ele é o Espírito de súplicas. Um crente cheio do Espírito anseia por Deus. Dobra-se diante de Deus. Deleita-se na oração.

O terceiro estágio diz respeito à *reprodução*, quando as águas chegam aos seus lombos. Aqueles que caminham com Deus e buscam a face do Senhor também frutificam no reino de Deus. Geram filhos espirituais e carregam em si o fruto do Espírito Santo.

No último estágio, o rio se torna tão caudaloso que não é mais possível atravessá-lo a pé. É preciso nadar. É preciso ser levado pelas correntes. Esse estágio revela a plenitude do Espírito. Somos guiados pelo Espírito. Não é mais por força ou por poder, mas pelo Espírito que avançamos. Não controlamos mais o curso da nossa vida, somos conduzidos pelo Espírito!

Nosso alvo é chegar à estatura do varão perfeito, uma vez que fomos predestinados a sermos conformes à imagem de Cristo. Para fazermos uma caminhada rumo a essa plena maturidade, devemos afinar nossos ouvidos pelo diapasão da verdade, avançando de fé em fé e sendo transformados de glória em glória.

3

O LIVRO-TEXTO: A BÍBLIA

Só conhecemos a Deus porque Ele se revelou. E revelou-se com tanta intensidade que só os insensatos deixam de reconhecer sua existência e seu poder (Salmos 14:1). Como Deus se revelou? Como podemos conhecê-lo? Quais são os canais de sua comunicação conosco?

O salmo 19, escrito por Davi, fala da revelação de Deus de duas formas. Nos primeiros seis versos, o salmista fala da revelação geral ou natural de Deus; fala da criação, cujo conteúdo é dirigido aos olhos. Na segunda metade do salmo, Davi passa a falar sobre a revelação especial de Deus; sua palavra escrita, dirigida aos ouvidos. A primeira parte exalta a existência e a majestade de Deus. A segunda, a graça de Deus que nos salva. A primeira parte nos convence do seu poder. A segunda, do seu amor. A primeira parte nos faz crer que Deus é sábio. A segunda, que Ele é misericordioso.

A Palavra de Deus é perfeita, fiel, reta, pura, límpida e verdadeira. A Palavra de Deus restaura a alma, dá sabedoria aos símplices, alegra o coração, ilumina os olhos e permanece para sempre. É mais preciosa que o ouro e mais doce que o mel. Há uma grande recompensa para aqueles que a guardam no coração, pois ela é o antídoto contra o pecado. A maneira de um indivíduo guardar puro o seu coração é viver de acordo com a Palavra.

Ela é alimento: é leite para o infante, pão para o faminto e carne para o maduro. É como água que dessedenta e purifica. É bálsamo para os feridos, refrigério para os cansados e espada para os indefesos. A Palavra de Deus é arma de combate e também vitória, pois tem saído de fronte erguida de todas as fogueiras da intolerância e triunfante de todas as batalhas. A Palavra é a bigorna do Espírito que esmiúça todos os martelos dos críticos e a verdade sobranceira que prevalece em todos os tribunais. De fato, ela é mais valiosa que o ouro e mais saborosa que o mel.

O livro mais amado e mais odiado

A Bíblia é o livro dos livros, o maior compêndio literário da história. É a carta magna de Deus para a humanidade. É a constituição das constituições. É o supremo código de doutrina e vida. É a nossa única regra de fé e prática. A Bíblia é a voz de Deus em linguagem humana. É o depositário de toda a vontade de Deus para o ser humano. João Calvino, o grande reformador, afirmou que "A Escritura é a escola do Espírito Santo, na qual nem se deixou de pôr coisa alguma necessária e útil de conhecer, tampouco se ensina mais do que é preciso saber".[2]

A Bíblia é o livro por excelência: inspirado por Deus, escrito pelos homens; concebido no céu, nascido na terra; odiado pelo inferno, pregado pela igreja; perseguido pelo mundo, crido pelos eleitos.

A Bíblia tem sido o farol de Deus na escuridão da história. Ela é a luz que orienta o nauta. É o mapa que norteia o caminhante. Ela revela o coração amoroso de Deus. Na Bíblia, os céus e a terra se abraçam. O infinito toca o finito. O eterno invade o temporal. O divino e o humano se encontram.

---

[2] CALVINO, João. *Institución de la religión cristiana*. Vol. 3. Barcelona: Felire, 2006, p. 726.

A Bíblia é o livro de Deus. É o livro do céu. É o livro dos livros. É a biblioteca do Espírito Santo. É o livro que foi muitas vezes acorrentado, mas trouxe libertação; foi queimado nas fogueiras, mas tirou muitas vidas das chamas do inferno. É o livro odiado que tem ensinado o perdão. É o livro que revela o caminho da salvação em Jesus Cristo nos labirintos religiosos deste mundo trevoso.

A Bíblia é o livro mais publicado, distribuído, lido e comentado do mundo. É o *best-seller* indisputável no mercado literário de todos os tempos.

A Bíblia não é simplesmente um livro de religião. É a palavra de Deus na voz humana. Os grandes luminares filosóficos e os fundadores de segmentos religiosos significativos não alcançaram essa verdade eterna. Sócrates defendia a vingança contra os inimigos. Platão era defensor do infanticídio e da prostituição. Maomé defendia a poligamia. Os vedas permitem o roubo. A filosofia estoica é fatalista. A filosofia epicurista é hedonista. A Bíblia, por sua vez, é a revelação de todo o conselho de Deus. Aonde ela chega, onde sua mensagem é proclamada e aceita, vidas são transformadas, famílias são restauradas, nações são reerguidas das cinzas.

A Bíblia é absoluta ou é obsoleta. Os conceitos, os postulados, os dogmas e as filosofias humanas passam, mas a Palavra é eterna. Não sofre revisão. Não se desatualiza. Não se seniliza. Jamais fica caduca ou ultrapassada. Ainda que os críticos se levantem contra ela, inoculando todo o seu veneno pestilento e desairoso, tentando negar ou adulterar as verdades nela contidas, a Bíblia prevalece incólume sobre todas essas conspirações.

A Bíblia é o livro dos paradoxos: é o livro mais lido e o mais desconhecido. É o livro mais amado e o mais odiado. É o livro mais obedecido e o mais escarnecido. É o mais pregado e o mais combatido. Fogueiras criminosas tentaram em vão destruí-la. A fúria dos homens maus e a sanha do inferno têm maquinado contra a Bíblia ao longo dos séculos. Homens blasonando arrogantemente suas teorias insanas têm-se levantado com empáfia em nome da ciência, muitas vezes, tentando ultrajar, atacar e desacreditar as Escrituras, mas seus argumentos solertes são esvaziados e caem no esquecimento com o tempo. Suas vãs filosofias chocam-se contra a rocha inabalável das evidências, e ela, a Bíblia, impávida e sobranceira, segue sua trajetória vitoriosa como palavra infalível, inerrante e eterna. Há também aqueles que tentam manipular as Escrituras, dando a elas uma interpretação subjetiva. São esses os que seguem os sonhos dos seus próprios corações ou as visões da sua própria mente e não dão crédito à suficiência das Escrituras. O preconceito e o medo da verdade, muitas vezes, esconderam-na, trancada nas bibliotecas, mas ela sempre saiu ilesa e vencedora em todas as batalhas como a eterna e infalível Palavra de Deus.

A singularidade da Bíblia

Quatro razões elencamos para evidenciar a veracidade incontroversa das Escrituras. Primeira, *é um livro inspirado*. É um livro divino, pois Deus o inspirou. Também é um livro humano, pois não foi escrito pelo dedo de Deus, mas por pessoas inspiradas pelo Espírito Santo. A palavra é de Deus, mas a voz é humana.

John Wesley, um dos maiores avivalistas da Grã-Bretanha, com lógica demolidora, usava um argumento irresistível para refutar os que não criam na inspiração das Escrituras. Dizia ele que a Bíblia foi concebida por uma das seguintes entidades:

1. por homens bons ou anjos;
2. por homens maus ou demônios;
3. ou, então, por Deus.

Então, concluía:

Primeiro, não pode ter sido concebida por homens bons, nem por anjos, porque nem uns nem outros poderiam escrever um livro em que estivessem mentindo em cada página escrita, quando lá punham as seguintes frases: "Assim diz o Senhor", sabendo perfeitamente que o Senhor nada dissera e tudo fora inventado por eles. Segundo, não pode ter sido concebida por homens maus ou pelos anjos maus, porque seriam incapazes de escrever um livro que ordena a prática de todos os grandes deveres, proíbe os pecados e condena ao castigo eterno. Portanto, concluo que a Bíblia foi concebida por Deus e inspirada aos homens.[3]

Segunda razão, *possui unidade na diversidade*. A Bíblia é o único livro da humanidade que demorou cerca de 1.600 anos para ser escrito. Cerca de 40 escritores foram usados para registrar de forma infalível todo o conteúdo da revelação divina; pessoas de diversos lugares e matizes: gente de cultura enciclopédica como Moisés, Salomão e Paulo; de vida palaciana como Isaías e Daniel; de vida simples como o boieiro Amós e o pescador Pedro. Esses homens escreveram para pessoas diferentes, em épocas diferentes, em línguas diferentes, mas dentro de absoluta concordância e harmonia de conteúdo. Isso é algo insólito, singular, só explicado pela ação soberana de Deus.

---

[3] WESLEY, John. *The works of John Wesley*. Oxford: Clarendon, 1975.

Terceira, *apresenta o cumprimento de profecias*. A Bíblia não é apenas um livro de história. Conta a história antes de ela acontecer. A Bíblia é um livro profético. Encerra centenas de profecias que vêm se cumprindo literalmente. As profecias bíblicas não são predições vagas, mas vaticínios rigorosamente específicos. Todas as profecias do Antigo Testamento quanto ao nascimento, à vida, aos milagres, à morte e à ressurreição de Jesus Cristo foram integralmente cumpridas. Todas as profecias sobre os nossos tempos e a respeito da segunda vinda de Cristo estão se cumprindo com uma literalidade espantosa. A crise moral, social e espiritual que assola o mundo hoje está minuciosamente descrita na Bíblia há 2 mil anos. Nenhum futurólogo poderia prever com precisão aquilo que a Bíblia registrou há mais de 2 mil anos. Certamente, o autor da Bíblia é aquele que é Deus de eternidade a eternidade, para quem mil anos são como um dia e um dia é como mil anos. Deus vê o futuro no seu eterno agora. Por isso, Ele conhece o amanhã como se fosse hoje.

Quarta razão, *é o poder de Deus para transformar pessoas que a examinam*. Quando o indivíduo lê a Bíblia, ele é lido por ela. Quando ele a examina, é examinado por ela. Quando a confronta, é confrontado por ela. Ela é a espada do Espírito. Penetra o mais íntimo do nosso ser, é lâmpada que clareia a escuridão do nosso coração e lança luz na estrada da nossa vida. A Escritura é espírito e vida. O mesmo sopro que a inspirou é o sopro que dá vida ao ser humano que está morto em seus delitos e pecados. Por isso, ela tem sido luz para as nações, alicerce para a construção das grandes civilizações, parâmetro para as instituições que são guardiãs da justiça, carta magna para o estabelecimento da justiça no mundo e regra infalível de fé e prática para o povo de Deus.

Verdade transformadora

Precisamos ressaltar que o propósito da Bíblia, como dizia o evangelista e avivalista D. L. Moody, não é aumentar o nosso conhecimento, mas mudar a nossa vida. Esse nosso livro-texto não pode ser folheado numa biblioteca. Precisamos descortiná-lo na dura caminhada da vida, pelos vales e montes, amaciando o solo da estrada com nossas próprias lágrimas. Por isso, segundo o escritor inglês John Blanchard, "O homem que não está preparado para prestar obediência à Palavra de Deus não é capaz nem de ouvi-la corretamente. Por isso, as parábolas tornaram-se janelas para algumas pessoas e muros para outras".[4]

---

[4] BLANCHARD, John (ed.). *Gathered gold*: a treasury of quotations for christians. Darlington: Evangelical Press, 1984.

Certa feita, um ateu insolente, besuntado de orgulho, blasonando sua cultura, começou a provocar um cristão sincero, porém não tão intelectual como ele. Chamou o cristão para um debate público. Sua intenção era humilhá-lo e expô-lo ao ridículo diante das pessoas. O cristão, porém, sem se intimidar, aceitou o desafio. Contudo disse-lhe que mais importante do que discutir ideias era provar a veracidade do cristianismo pelos seus frutos. Então arrematou: trarei para o debate um séquito de homens e mulheres que outrora foram devassos, bêbados, drogados, prostitutos, mentirosos, ladrões e assassinos, mas que foram transformados pelo poder da Palavra de Deus. Você deverá também trazer aqueles que foram arrancados da escravidão do vício, das algemas da degradação humana e da devassidão do pecado por meio do ateísmo. O altivo cético, diante do desafio, saiu cabisbaixo e desistiu do confronto.

A história está pontilhada de exemplos de homens de mente peregrina, de cultura enciclopédica que tentaram nas águas do ateísmo dessedentar suas almas, mas nessa sofreguidão acabaram encontrando o manancial das águas vivas, que é o Senhor, desistindo assim do ateísmo. São inúmeros os intelectuais de todos os tempos que, lançando-se ao estudo das Escrituras a fim de buscar argumentos contra ela, acabaram sendo transformados nos mais sinceros e convictos crentes. Já nos primórdios do cristianismo, no segundo século, o filósofo ateniense Atenágoras pôs-se a estudar as doutrinas cristãs para refutá-las. O resultado foi sua *Petição em Favor dos Cristãos*, dirigida a Marco Aurélio e a seu filho Comodo, em que faz uma bela defesa das doutrinas que pretendera demolir.

Outro filósofo ateniense, Aristides, convertido ao cristianismo no segundo século, fez uma das mais lindas apologias da vida dos cristãos daquela época, em carta enviada ao imperador Adriano no ano 125 d.C. Retratou um estilo de vida desconhecido até então, fundamentado numa lei que, mais do que obedecida, era amada por todos os que a seguiam.

> São esses os que, mais que todas as nações da terra, encontraram a verdade. Fazem o bem a seus inimigos; suas esposas, ó Rei, são puras como virgens, e suas filhas modestas; os homens mantêm-se afastados de qualquer união ilícita e de toda impureza, na esperança de uma recompensa no outro mundo. Ainda, se um deles tem escravos, ou escravas, pelo amor para com eles, os persuadem a tornar-se cristãos e, depois de os haverem feito, chamam-lhes irmãos, sem distinção. Não adoram deuses estranhos e seguem seu caminho em toda modéstia e alegria. Não se encontra entre eles

a falsidade; amam-se uns aos outros, não privando de sua estima as viúvas; e livram o órfão daquele que o maltrata. Aquele que tem dá ao que não tem, sem se jactar. Quando veem um estranho, tomam-no para seu lar e com ele se regozijam como se fosse um verdadeiro irmão. Se ouvem que um de seu número se acha preso ou aflito por causa do nome de seu Messias, todos eles provêm solicitamente as suas necessidades, e libertando-o, sendo possível. Se há entre eles algum pobre e necessitado, e se eles mesmos não têm alimento de sobra, jejuam dois ou três dias a fim de lhe suprir alimento. Observam com muito cuidado os preceitos de seu Messias, vivendo justa e sobriamente, como lhes ordenou o Senhor seu Deus. Cada manhã e a toda hora dão graças e louvores a Deus por sua bondade para com eles e por seu alimento e bebida. Tal, ó Rei, é o mandamento da lei dos cristãos, e tal é seu modo de vida.[5]

No século 18, a Inglaterra estava vivendo uma crise sem precedentes. O país tinha abandonado a Bíblia. Os enciclopedistas agnósticos é que eram lidos com avidez. David Hume, Voltaire e Huxley eram os homens que influenciavam a nação com suas ideias anticristãs. O país mergulhou

---

[5] WALDVOGEL, Luiz. *Vencedor de todas as batalhas*. Santo André: Casa Publicadora Brasileira, 1968, p. 151.

em trevas espessas. A corrupção tomou conta da sociedade. Onde não há profecia, o povo se corrompe. A criminalidade cresceu explosivamente. A jogatina, como câncer, estiolou o vigor do país. A imoralidade e a prostituição arruinaram as famílias. Em Londres, de cada seis casas, uma era um bordel. O que os filósofos intelectuais não conseguiram fazer, Deus realizou através da sua palavra, levantando pastores da estirpe de John Wesley e George Whitefield, os quais, na força e no poder do Espírito, anunciaram com intrepidez a Palavra, e a nação se reergueu das cinzas e experimentou um poderoso reavivamento espiritual.

Miguel Rizzo Jr., ilustre pastor de saudosa memória, exímio escritor e eloquente pregador, em seu livro *Sozinha*, narra a transformação de uma família e de toda uma vila sem a presença sequer de um pregador. Apenas uma Bíblia foi comprada, lida, e sua mensagem foi um instrumento poderoso e eficaz para realizar o milagre da regeneração pelo poder do Espírito Santo em dezenas de famílias.

Onde a luz da Palavra de Deus clareou as mentes e iluminou as consciências, houve transformações sublimes no coração do ser humano, no seio da família, nas estruturas da sociedade. Entrementes, onde a Bíblia foi sonegada ao povo, prevaleceu o obscurantismo. Onde a luz não irradia, prevalecem as trevas. Muitas civilizações nasceram em berço de trevas. Muitos povos ainda estão mergulhados em densa escuridão, perdidos nos labirintos de deletérias filosofias pagãs, presos no cipoal de religiões concebidas nas sucursais do inferno, sem a luz da verdade, sem o norte da Palavra de Deus. As nações que foram edificadas sobre o fundamento da verdade e, não obstante esse fato, hoje cambaleiam moralmente é porque se desviaram do ensino das Escrituras, abandonando a fonte das águas vivas, para cavarem cisternas rotas.

A Palavra liberta

O propósito da Palavra é trazer-nos de volta para Deus. É reconduzir-nos ao propósito original de Deus. É restaurar a nossa alma. Por isso, aquele que a ouve é bem-aventurado. A fé vem pelo ouvir a Palavra. A salvação em Cristo é instrumentalizada pela fé no Cristo ressurreto proclamado pela Palavra. A santificação torna-se realidade pela observância da Palavra. Quando o homem está quebrado e esmagado pelo pecado, algemado pelas correntes do inferno, preso no calabouço do vício, na coleira do Diabo e escravizado pelas suas paixões carnais, ao defrontar-se com a palavra, recebe cura, libertação, perdão e salvação. A Palavra liberta!

Quando o profeta Ezequiel viu aquele repugnante quadro do vale de ossos secos, retrato da condição espiritual de Israel, Deus lhe perguntou: "Filho do homem, poderão reviver esses ossos?" (Ezequiel 37:3). Ele, num lampejo de fé, respondeu: "Senhor, tu o sabes". Então, veio o milagre quando a palavra foi profetizada. Daí decorreu a manifestação vivificadora do Espírito e, naquele cenário de desolação, brotou a exuberância da vida. Do meio da morte eclodiu a vida, e os ossos secos tornaram-se um exército poderoso nas mãos de Deus.

Foi a Palavra poderosa de Deus que arrancou os tessalonicenses das cadeias da idolatria e fez deles uma igreja modelo na Acaia. Foi o prevalecimento da Palavra que levou os crentes de Éfeso a denunciar suas obras publicamente e a queimar seus livros de ocultismo. Aonde a Palavra chega, nasce a esperança, brota a cura, irrompe a luz e acontece a restauração.

É muito preocupante perceber hoje a tendência da psicologização moderna. As pessoas estão cada vez mais dependentes dos conceitos humanistas da psicologia moderna. Cremos que a psicologia é um ramo científico legítimo que tem o seu valor. Mas muitos cristãos recorrem, com frequência, a terapias psicológicas de fundo humanista, achando o aconselhamento bíblico ingênuo, superficial, incapaz de tratar-lhes a alma. Isso é uma cilada terrível. A Palavra de Deus é suficiente para restaurar a nossa alma. A solução para o ser humano não vem de dentro dele, mas do alto. A restauração da nossa alma não vem da psicologia, mas da Palavra de Deus. Ela é suficiente para trazer cura para as nossas emoções.

Estamos vendo uma geração de crentes que carrega a Bíblia, mas não a conhece. Anda com a Bíblia debaixo do braço, mas não retém os seus ensinamentos. São crentes analfabetos da Bíblia. Gente sem discernimento. Gente facilmente influenciável. Gente que bebe um caldo venenoso em vez de alimentar do leite genuíno da Palavra. Por isso, vemos uma geração de crentes doentes emocionalmente, que não triunfam nas aflições, que soçobram nas tempestades, que se capitulam diante das crises. Precisamos amar a Palavra, conhecer as Escrituras, obedecer a Bíblia, porque dela brota para nós uma fonte de cura, um manancial de restauração.

Quando lemos a Palavra, ela também nos lê. Quando a esquadrinhamos, ela nos sonda. Quando viajamos pelas suas páginas, ela vai abrindo as portas do nosso coração e nos revelando tudo aquilo que estava escondido e sedimentado no porão da nossa vida. Como pá, ela vai jogando para fora toda a podridão do nosso coração. Como luz, vai mostrando toda a sujeira. Como bisturi, vai rasgando todos os tumores nauseabundos que infectam a nossa vida. Como martelo, vai quebrando toda casca grossa das racionalizações com que tentamos esconder as nossas mazelas. A Palavra é viva. Somos examinados e confrontados por ela. Como dizia o grande evangelista Dwight Moody, "A Bíblia o afastará do pecado ou o pecado o afastará da Bíblia".

Muitas pessoas estão vivendo um arremedo de vida. São atores que representam um papel que não vivem na prática. Têm muita folha, muita propaganda, muita aparência, mas nenhum fruto. Têm aparência de piedade, mas por dentro estão cheios de podridão. São religiosos, frequentam a igreja, falam de Deus, mas vivem atrás de máscaras. São bonitos por fora e podres por dentro. Têm palavras de poder e atos de fraqueza. São santos na aparência e abomináveis a Deus no coração. Têm rótulo, mas não têm conteúdo. Têm nome de que vivem, mas estão mortos. Só a palavra pode lançar luz nessas trevas. Quando a Palavra é lida, pregada e obedecida, então, aquilo que estava encoberto vem à tona. Aquela ferida gangrenada é curada. O pecado é confessado e a cura brota sem detença.

À medida que a Palavra vai enchendo o nosso coração, nossa vida íntima vai sendo transformada. Nosso caráter vai sendo corrigido. Nosso temperamento vai sendo controlado pelo Espírito. À medida que a Palavra vai transbordando de nossa vida, as virtudes do caráter de Cristo, o fruto do Espírito, vão se manifestando em nosso viver, pois vamos sendo fortalecidos com poder no homem interior.

Vida: a grande escola de Deus

Uma vez discorrido nesta primeira parte sobre o ambiente do ensino divino, pedagogicamente dividido em três áreas — 1) a escola da vida, onde aprendemos nos dias felizes, mas também nos difíceis e tristes; 2) o professor, o Deus Trino, que nos ensina segundo seu eterno propósito de nos fazer à semelhança de Jesus; e 3) a Bíblia Sagrada com suas palavras de poder transformador —, passaremos agora à segunda parte deste livro. Nela, certamente, você se enriquecerá com o currículo de 25 alunos, homens e mulheres, conduzidos por Deus em provas, que os levaram à aprovação ou reprovação, segundo o comportamento assumido em face do conteúdo apresentado.

PARTE 2

ALUNOS E ALUNAS DA ESCOLA DA VIDA

1

CAIM
Consequências da adoração fingida

PERFIL DO ALUNO

Gênesis 4:1-16

Caim foi o primeiro filho de Adão e Eva. Ele e Abel, seu irmão, aprenderam com os pais sobre a necessidade de adorar a Deus. Ambos receberam as mesmas instruções e foram criados debaixo dos mesmos princípios e valores. Ouviram as mesmas histórias e aprenderam as mesmas coisas sobre o culto que agrada a Deus.

No entanto, a verdade que dirigiu um filho endureceu o outro, assim como o sol endurece o barro e amolece a cera. Abel ouviu os mandamentos de Deus e cultuou segundo os seus ensinamentos. Caim ouviu os mesmos mandamentos, mas os desprezou e apresentou a Deus um culto estranho. Seu coração não era reto diante de Deus. Ele não se sujeitou aos princípios do Criador nem se submeteu aos ensinos de seus pais. Quis fazer as coisas de Deus do seu jeito. Quis mostrar sua própria justiça em vez de aceitar a justiça que vem de Deus. Caim fingiu ser um adorador quando, na verdade, era um competidor. Seu culto apenas escondia a máscara de justiça própria que ostentava.

O QUE APRENDEMOS COM A VIDA DE CAIM

1. Caim ofereceu um culto a Deus sem observar seus princípios sobre o culto

Desde os primórdios da história humana, o Senhor ensinou que não há remissão de pecados sem derramamento de sangue (Hebreus 9:22). Quando Adão e Eva pecaram no Éden, um animal foi sacrificado, o sangue foi derramado e Deus cobriu o casal com a pele do animal (Gênesis 3:21). Desde então, toda pessoa que se achegava a Deus para adorá-lo precisava se aproximar por meio do sangue de

CAIM: CONSEQUÊNCIAS DA ADORAÇÃO FINGIDA

um animal. Não que o sangue de ovelhas e bodes pudesse purificar o coração humano, mas ele apontava para o sacrifício perfeito de Cristo na cruz (Romanos 3:24-26). Jesus é o definitivo Cordeiro de Deus, que tira o pecado do mundo (João 1:29).

Quando Caim apresentou um sacrifício sem sangue, ele estava desprezando o caminho de Deus, sua palavra e as normas do culto divino. Ele quis abrir um caminho até Deus por meio de seus esforços: o caminho das obras e dos próprios feitos. O caminho de Caim (Judas 11) é o caminho do humanismo idolátrico, da autopromoção, das obras de justiça divorciadas da graça.

2. Caim ofereceu um culto sem examinar o próprio coração

O apóstolo João afirma que Caim era do Maligno (1João 3:12). Ele quis cultuar a Deus sem pertencer a Ele, achando que pudesse separar culto de vida.

Jesus ensinou que o Pai busca adoradores que o adorem em espírito e em verdade (João 4:23,24). Caim pensou o contrário: que Deus estivesse buscando adoração, e não adoradores. Deus não se impressiona com a pompa do nosso culto nem com a nossa performance diante dos homens. Ele busca a verdade no íntimo. Se a nossa vida não for de Deus e não estiver certa com Ele, o nosso culto será abominável aos seus olhos (Isaías 1:13,14; Amós 5:21-23; Malaquias 1:10).

Deus está mais interessado em quem somos do que naquilo que fazemos. Deus se agradou de Abel e de sua oferta, ao passo que rejeitou Caim e sua oferta. A vida vem antes do serviço; a verdade vem antes da adoração; a motivação é mais importante do que a ação. Deus não se agrada de rituais divorciados da vida.

3. Caim ofereceu um culto com o coração cheio de ódio e inveja

O apóstolo João diz que, além de ser do Maligno, Caim assassinou seu irmão "porque as suas obras eram más, e as de seu irmão, justas" (1João 3:12). As obras de Caim eram más porque o seu coração era mau.

A raiz dos problemas de Caim era a inveja. Em vez de imitar Abel, Caim se desgostou em vê-lo sendo aceito por Deus. Odiou o irmão não por este ter praticado algum mal, mas por ter feito o bem; odiou não por algum erro, mas pela sua virtude. A luz de Abel cegou Caim, e as suas virtudes o embruteceram.

A vida de Abel gestou a morte no coração de Caim. Em vez de aprender com o irmão, Caim quis eliminá-lo. A

CAIM: CONSEQUÊNCIAS DA ADORAÇÃO FINGIDA

inveja de Caim o levou a tapar os olhos e os ouvidos para o aprendizado. Ele se endureceu no caminho de rebeldia. Não apenas sentiu inveja como consumou o pecado, tirando a vida do irmão.

O culto de Caim, longe de o aproximar de Deus, afastou-o ainda mais. Ele não conhecia a Deus nem o cultuava: cultuava a si mesmo. Ele quis enganar Deus, oferecendo uma oferta errada, da forma errada, com a motivação errada. O seu culto não passava de um arremedo, de uma máscara grotesca para esconder o coração invejoso, vaidoso e cheio de justiça própria.

De nada adianta apresentar ofertas a Deus se o nosso coração é um poço de inveja e ódio. Nossa relação com Deus não estará certa se a nossa relação com os irmãos estiver quebrada. Antes de entregarmos uma oferta, precisamos nos reconciliar com os irmãos (Mateus 5:23,24). Deus não aceita ofertas provenientes de um coração que não é reto diante dele e que está cheio de mágoas. Antes de nossa oferta ser aceita, nossa vida tem de ser aceitável. Nossas músicas serão apenas um barulho aos ouvidos de Deus se nossa vida não estiver em sintonia com a sua vontade (Amós 5:23). Deus vai rejeitar as ofertas das mãos se nossa vida e nossas atitudes não o honrarem (Malaquias 1:10).

4. Caim rejeitou a exortação de Deus

Deus não escorraçou Caim quando este lhe trouxe sua oferta. Ele o exortou e lhe deu a oportunidade de mudar de vida. Mas Caim era muito orgulhoso para admitir os próprios erros. A máscara da justiça própria estava afivelada e engessada demais para ser arrancada. Assim, Caim preferiu o caminho da rebeldia e da desobediência. Em vez de se arrepender e tomar novo rumo, Caim deu mais um passo na direção do pecado. Em vez de virar as costas para o pecado, ele virou as costas para Deus.

A exortação de Deus, em alguns, produz endurecimento, e não, quebrantamento. A Palavra de Deus, em alguns, não produz vida, mas morte. Caim, em vez de cair em si e se arrepender, irou-se sobremaneira. Em vez de se voltar para Deus, fugiu. Em vez de beber o leite da verdade para a restauração da sua vida, descaiu o semblante e se entregou à ira invejosa e assassina. Em vez de imitar o exemplo de Abel, matou o irmão.

5. Ao ser rejeitado, Caim intentou contra a vida do irmão

"Disse Caim a Abel, seu irmão: Vamos ao campo. Estando eles no campo, sucedeu que se levantou Caim contra Abel, seu irmão, e o matou" (Gênesis 4:8). Caim era um vulcão efervescente de ódio por dentro, mas um mar plácido e calmo por fora. Ele tinha palavras aveludadas e um coração perverso. Palavras doces e um coração amargo. Amizade nos gestos e morte nos pensamentos.

Caim enganou Abel, o traiu e o matou. Não assassinou um estranho, mas o próprio irmão, carne da sua carne, sangue do seu sangue. Não eliminou um inimigo, mas alguém achegado. Matou Abel não porque este fosse perverso e mau, mas porque era piedoso e bom, um exemplo digno de ser imitado.

Caim pensou que seu problema era o irmão, e não o próprio pecado. Pensou que a única maneira de ser aceito era eliminando Abel do caminho, como se fosse um rival.

Muitas vezes, achamos que o nosso problema é o outro. As virtudes do outro nos afligem mais do que as nossas fraquezas. O sucesso dos outros nos atormenta mais do que o nosso fracasso. A eliminação do outro nos recompensa mais do que a possibilidade de sermos aceitos.

6. Caim tentou esconder o próprio pecado

Caim não levou a sério nem a palavra de Deus nem seu juízo. Pensou que seus atos estivessem fora do alcance da jurisdição divina. Além de pecar, tentou escapar das consequências do pecado. Não enxergava nada além da sua vaidade e justiça própria. Tornou-se pai de uma geração que adorava o próprio eu em vez do Deus vivo.

Deus exortou Caim para não pecar e também o confrontou depois de pecar: "Disse o SENHOR a Caim: Onde está Abel, teu irmão? Ele respondeu: Não sei; acaso sou eu tutor de meu irmão? E disse Deus: Que fizeste? A voz do sangue de teu irmão clama da terra a mim. És agora, pois, maldito por sobre a terra" (Gênesis 4:9-11).

Caim acabou colhendo o que buscava. Na sua insanidade espiritual preferiu fugir de Deus a obedecer-lhe. Então o Senhor o sentenciou a ser fugitivo e errante pela terra. Ao ser confrontado por Deus, longe de se arrepender, entregou-se à autocomiseração: "Então, disse Caim ao SENHOR: É tamanho o meu castigo, que já não posso suportá-lo" (Gênesis 4:13).

Caim é o protótipo daqueles que se retiram da presença do Senhor e cuja descendência se afasta de Deus, para mergulhar nas sombras espessas do pecado e da justiça própria. O pecado afasta o homem de Deus. Quanto menos arrependimento, maior a distância. Deus, porém, manteve o canal de comunicação aberto o tempo todo. Questiona Caim e o confronta para lhe dar oportunidades de arrependimento.

CAIM: CONSEQUÊNCIAS DA ADORAÇÃO FINGIDA

No fim da história de Caim, conforme narrada nas Escrituras, Deus colocou em Caim uma marca não apenas para fazê-lo lembrar de seu pecado, mas também para protegê-lo. Na sua misericórdia, Deus não retribui Caim conforme o merecido e, em sua graça, dá a ele aquilo de que não era merecedor.

2

JÓ

Quando Deus prova os seus

> **PERFIL DO ALUNO**

Jó 1—2; 42:10-17

A Escritura descreve Jó assim: "Havia um homem na terra de Uz, e seu nome era Jó. Ele era um homem íntegro e correto, que temia a Deus e se desviava do mal" (Jó 1:1). Jó aparece diante de nós apenas como um ser humano. Não como um super-homem, nem como um herói, gigante, ou anjo, mas como um homem. Era, porém, um homem excepcional. Tinha uma alma sensível, mas uma estrutura moral e espiritual granítica.

O próprio Deus afirma que Jó era um homem reto, temente e que se desviava do mal. Ele conhece os que são seus. Conhece sua vida, sabe quem são, o que fazem e o que não fazem. Conhece cada pensamento, desejo e sonho. Por isso, Deus elogia Jó, porque conhece sua integridade e piedade.

Satanás, porém, não acredita na piedade de Jó. Ele insinua que Jó servia a Deus por interesse, por causa das boas coisas que recebia das mãos do Senhor. Deus, então, constituiu Jó seu advogado na terra. Jó não sabia, mas passaria por duras provas e revezes da vida. Caso naufragasse, era o nome e a reputação de Deus que estavam em jogo. O Senhor, porém, confiava em Jó. Em todas as provas, Jó sofreu, chorou e angustiou-se profundamente, mas não perdeu a fé em momento algum.

O QUE APRENDEMOS COM A VIDA DE JÓ

1. Jó foi provado com a perda de seus bens

Jó era um homem riquíssimo. Tinha muitos rebanhos e grande quantidade de servos. Deus o havia feito prosperar. Embora fosse tão abastado, permanecia íntegro. Sua riqueza fora granjeada com honestidade, trabalho e, sobretudo, com a bênção de Deus.

O Senhor, porém, permitiu a Satanás tocar nos bens de Jó. O Diabo usou homens (sabeus e caldeus roubaram e saquearam os rebanhos de Jó) e fogo (que caiu do céu e consumiu suas ovelhas) para levar Jó à bancarrota. O homem mais rico do Oriente perdeu tudo, foi à falência, mas não perdeu sua fé. Ele amava mais Deus do que o dinheiro.

Há muitos hoje que se perdem, que vivem e morrem por causa do amor ao dinheiro. Outros se casam e se divorciam por causa da ambição. Não poucos matam e morrem por causa da ganância. O dinheiro é mais do que uma moeda, é um ídolo. É Mamom. Ao altar dessa divindade, milhões de pessoas se prostram todos os dias. Muitos vendem a alma ao Diabo por causa do dinheiro. Outras pessoas criam tormentos para si mesmas porque fazem da vida uma corrida desesperada atrás do dinheiro.

A Bíblia diz que aqueles que querem ficar ricos caem em cilada e tentação e atormentam a si mesmos com muitos flagelos (1Timóteo 6:9,10). Quantas mentiras são mantidas nos tribunais como se fossem verdades intocáveis para se alcançar riquezas ilícitas. Quantos crimes hediondos são cometidos e quanto sangue é derramado apenas para se apropriar indebitamente de riquezas mal adquiridas. Jó

85

não era assim. Sua fortuna foi formada com honra e dignidade. Suas mãos jamais se apressaram a praticar o mal. Seu coração jamais foi um nicho para a veneração de Mamom.

2. Jó foi provado com a perda dos filhos

Ele era um pai exemplar. Orava pelos filhos e se preocupava com a vida espiritual de todos eles. Seus filhos eram casados, mas continuavam unidos. Eram ricos, mas companheiros.

Depois de sofrer um severo abalo financeiro, Jó amarga a mais lancinante dor: sepultar todos os dez filhos num único dia. O patriarca volta para casa com o rosto abatido de tanto chorar. Sua alma está vestida de tristeza. Mesmo inundado pelas torrentes da dor mais alucinante, não se revolta contra Deus, antes, Jó se prostra e o adora, dizendo: "O Senhor o deu e o Senhor o tomou; bendito seja o nome do Senhor!" (Jó 1:21).

Há muitas pessoas que permanecem de pé na hora da abastança, mas claudicam na hora da escassez. Há muitos que entoam louvores a Deus na ventura, mas maldizem na desventura. Há aqueles que exaltam a Deus nos tempos áureos de saúde e vida, mas murmuram amargamente nos dias sombrios de enfermidade e luto. Jó compreendeu que seus filhos eram presentes de Deus. Compreendeu que

Deus era poderoso para dar a vida e soberano para tirá-la. Mesmo com alma enlutada e lágrimas rolando pela face, o patriarca se prostra não para erguer os punhos contra Deus, mas para levantar as mãos para o céu em adoração.

3. Jó foi provado com a perda da saúde

Jó havia provado que amava mais a Deus do que ao dinheiro e aos filhos. Agora, Satanás dá mais uma cartada e insinua que ninguém ama mais a Deus do que a si mesmo: "Pele por pele, e tudo quanto o homem tem dará pela sua vida" (Jó 2:4). Deus, então, permite que Satanás fira Jó sem, contudo, tirar-lhe a vida. Satanás agiu assim, espalhando tumores malignos por todo o corpo de Jó. Com a pele necrosada, ele se raspava com cacos de telha. Sua dor era insuportável. Ele se tornou um espectro humano. Ficou magro, encarquilhado, o retrato mais repugnante do sofrimento atroz.

Mesmo nessa situação, Jó não blasfemou. Ele elevou ao céu 16 vezes estas perguntas: Por que estou sofrendo? Por que a minha dor não cessa? Por que perdi meus filhos? Por que não morri no ventre da minha mãe? Por que não morri ao nascer? Por que o Senhor não me mata de uma vez? Jó espremeu todo o pus de sua ferida, mas permaneceu íntegro e reto.

Jó não sofreu como um estoico. Ele abriu a boca. Gritou e disse para Deus que estava sofrendo. Sua dor não foi retida na alma. Ele a despejou em catadupas. Abriu a represa do seu coração e deixou vazar toda a dor que, como avalanche, inundava a sua vida. Deus não condenou Jó por expressar de forma contundente a sua dor. Não o censurou por ter pedido explicações. Não o humilhou por ter tido a ousadia de buscar entendimento nesse vale escuro do sofrimento. Muitos ao passarem pelo drama da enfermidade se endurecem. Revoltam-se contra Deus. Abandonam a fé. Viram as costas para o Altíssimo num gesto de rebelião. Fecham os punhos e afrontam o Criador. Jó fez diferente. Ele adorou; chorou; orou. Colocou sua dor na presença de Deus, buscando nele resposta e consolo.

4. Jó foi provado com a perda do apoio conjugal

Ao ver o mundo desmoronando sobre sua cabeça devido à derrocada financeira, à perda amarga de seus filhos e à condição aviltante de seu marido, a mulher de Jó não suportou a pressão. Ela cerrou os punhos contra Deus e, cheia de mágoa e revolta, dirigiu-se ao marido nestes termos: "Ainda conservas a tua integridade? Amaldiçoa a Deus e morre" (Jó 2:9). Jó, porém, respondeu: "Falas como qualquer doida; temos recebido o bem de Deus e não receberíamos também o mal?" (Jó 2:10).

A crise conjugal é uma das mais medonhas da vida. Nenhuma área afeta tanto nossas emoções como uma turbulência no casamento. Nenhuma relação nos afeta tanto quanto a relação conjugal. A mulher de Jó esteve ao seu lado nos tempos de vacas gordas, mas agora, depois que a crise bateu em sua porta, quando a pobreza invadiu a família, quando o luto cobriu de dor sua casa, quando a doença atormentou seu marido, ela se revoltou contra Deus. Em vez de ser aliviadora de tensões, tornou-se flageladora da alma. Mesmo diante dessa cena dantesca, Jó não perdeu sua lucidez espiritual. Ele repreendeu sua mulher e permaneceu inabalável em sua fé.

5. Jó foi provado com a perda da compreensão dos amigos

Os três amigos de Jó — Elifaz, Bildade e Zofar — vieram de longe e se condoeram com ele durante uma semana; porém, quando abriram a boca, tornaram-se consoladores molestos. Em vez de serem terapeutas da alma, tornaram-se acusadores insolentes. Atribuíram a Jó as mais pesadas e levianas acusações. Insinuaram que Jó havia enriquecido desonestamente. Acusaram Jó de graves pecados morais.

Questionaram sua piedade. Encurralaram a pobre vítima prostrada na cinza com argumentos impiedosos. Nem mesmo assim Jó pecou contra Deus.

Talvez uma das angústias mais pesadas que um indivíduo possa enfrentar na vida é ser acusado de delitos graves sendo inocente; é ser incriminado de erros tão grosseiros por aqueles que deveriam ser os maiores defensores de sua integridade. As críticas doem muito quando partem de quem deveria estar ao nosso lado, mas está contra nós. As críticas nos ferem quando vêm daqueles que nos conhecem há muito tempo. As críticas nos afligem quando nossas motivações são questionadas de forma impiedosa, quando nossa integridade é negada de forma virulenta, e quando nossa vida é revirada pelo avesso, apenas para que os algozes sem compaixão encontrem pretensas razões para explicar nossos dramas pessoais.

6. Jó foi provado e, por fim, aprovado por Deus

No meio do livro de Jó, mesmo estando nas cinzas, ele faz uma forte declaração que sustenta sua fé diante de todos os golpes que sofreu: "Eu sei que o meu Redentor vive e por fim se levantará sobre a terra" (Jó 19:25).

Ao fim, Deus restaurou a sorte de Jó enquanto ele orava pelos seus amigos, e lhe devolveu o dobro de tudo quanto possuía. Os bens de Jó foram restaurados em dobro. Deus curou sua enfermidade. Seu casamento foi refeito. Ele teve mais dez filhos, e seus amigos foram perdoados por Deus. Tudo quanto Satanás intentou contra Jó não prosperou. Ele saiu daquela arena de provas mais perto de Deus e mais fortalecido na fé.

3

JABEZ
Superação de estigmas do passado

> **PERFIL DO ALUNO**

1Crônicas 4:9,10

No meio deste registro genealógico dos descendentes de Judá, encontramos Jabez. Não sabemos quem era seu pai nem seus irmãos. Não sabemos o nome de sua mãe. Ele não aparece em nenhum outro lugar da Bíblia.

No entanto, em meio a tantos nomes, o de Jabez sobressai. Apesar de não sabermos nada a seu respeito, Jabez criou uma reputação para si. Em apenas dois versos, esse homem desconhecido nos conta uma história de piedade, devoção e superação de marcas do passado que outras personagens bíblicas não conseguiram nos legar nas muitas páginas que cobrem suas histórias.

O QUE APRENDEMOS COM A VIDA DE JABEZ

1. Jabez não se contentou com o que foi dito a seu respeito

A Bíblia diz que Jabez "foi mais ilustre que seus irmãos". Isso não diz respeito aos filhos de seus pais, mas a todos os nomes que aparecem ao lado dele no registro genealógico. A maioria desses nomes passa despercebida. Viveram sem deixar marcas. Alguns, provavelmente, existiram seguindo o fluxo da vida. Jabez, porém, não se contentou em deixar que a vida o levasse.

A pequena descrição da história de Jabez nos fala de um homem que superou as dores do seu passado. Sua mãe lhe havia dado esse nome porque com dores o deu à luz. Sabemos que, na Bíblia, os nomes das pessoas revelam a essência delas.[6] Jacó é um grande exemplo disso. Seu

---

[6] BRÄUMER, Hansjörg. *Gênesis*. Vol. 2. Curitiba: Esperança, 2016, p. 131.

nome está associado a fraude, que é como ele agiu desde o ventre materno. Deus muda o nome de Jacó para "Israel", após lutar contra ele no vau de Jaboque, para indicar-lhe o fim de uma vida de tramoias e o começo de um novo futuro como patriarca do povo de Deus.

Jabez não pede por uma mudança de nome, mas não quer que esse carimbo de um passado de dor determine seu futuro. Ele não se dobrou sob o estigma da dor. Não se conformou com a decretação da derrota em sua vida. Ele invocou o Deus de Israel, e dos céus brotou a sua cura.

O passado pode nos influenciar mais do que gostaríamos. Há dores do passado que, muitas vezes, não conseguimos superar. Há feridas na alma que demoram a sarar, há traumas que se recusam a ir embora e se levantam como fantasmas para nos atormentar.

Talvez você precise ter essa mesma postura agora mesmo. Talvez haja feridas ainda abertas em seu coração. Talvez haja ainda reminiscências amargas em sua alma que precisam ser curadas. Talvez haja turbulências em sua vida que precisam ser serenadas pela graça de Deus. Não viva mais prisioneiro de seus sentimentos. Deixe que o bálsamo de Gileade cure suas emoções. Experimente um tempo novo da parte de Deus. Rogue aos céus que o abençoe. Volte-se para Deus, pois nele há copiosa redenção. Prostre-se aos seus pés, pois aí há uma fonte abundante de consolo. É tempo de recomeçar!

2. Jabez clamou pela bênção de Deus

O começo da oração de Jabez foi: "Oh! Tomara que me abençoes". Em vez de olhar pelas lentes do retrovisor, ferido pelas lembranças amargas do seu passado, Jabez olhou para o alto e rogou a bênção de Deus. Em vez de viver preso no cipoal da amargura, curtindo os traumas da sua infância, ele buscou a Deus e rogou sua bênção. Jabez reagiu. Ele não se conformou com o caos. Sacudiu o jugo do passado. Entendeu que sua vida não precisaria ser uma jornada de dor, mas uma caminhada sob a bênção de Deus.

De modo semelhante podemos também buscar a bênção de Deus em vez de vivermos sob o estigma de um passado de dor. "Deus é o galardoador daqueles que o buscam" (Hebreus 11:6). Aqueles que pedem, recebem. Aqueles que se chegam a Ele com o coração quebrantado não sairão de mãos vazias. Deus é a fonte de todo bem. Dele procede toda boa dádiva.

Na lida pastoral tenho encontrado muitas pessoas que não conseguem se libertar das peias do passado. Passam a vida chorando e se lamentando porque foram feridas em algum momento da caminhada. Tornam-se prisioneiras de suas mágoas. Deixam de viver o presente por causa das amarras do passado. Levantam monumentos à sua dor. Não podemos morar no passado. Não podemos morar na saudade. Devemos levantar os olhos e buscar um tempo novo da parte de Deus, superando nossas crises, triunfando sobre as angústias que assolam o nosso peito. Jabez é um exemplo. Sua vida é uma inspiração. Seu testemunho é um estímulo para não ficarmos presos pelas grossas correntes da dor do ontem, mas alçarmos voos rumo às novas conquistas do hoje.

3. Jabez pediu por prosperidade

Jabez não se encolheu diante de um passado de dor, mas olhou para a frente e avançou com mais ousadia. Ele continuou pedindo: "me alargues as fronteiras". Lugares espaçosos são o oposto do aperto causado pela angústia: "Assim também te desviará da angústia para um lugar espaçoso, em que não há aperto" (Jó 36:16). Quando Davi se sentiu apertado pelos laços do inimigo, ele clamou a Deus. Deus livrou-o e o colocou num lugar espaçoso (Salmos 18:19).

Jabez pediu por espaço. Por libertação da angústia que marca sua alma. Ele não desejou o confinamento da dor. Quis que sua vida transcendesse a angústia que determinou o dia do seu nascimento. Não quis ser influenciado pelos acontecimentos dolorosos do ontem, mas, em vez disso, desejou ser um influenciador no futuro. Jabez quis mais espaço, mais influência, mais oportunidade para ser uma bênção nas mãos de Deus. Jabez é um homem com a visão do farol alto.

Em vez de ficar lamentando seus pesares nos vales da vida, Jabez sobe nos ombros dos gigantes para divisar horizontes ainda mais largos. Não podemos limitar os recursos ilimitados de Deus aos nossos horizontes limitados. Deus pode nos levar além. Ele pode nos conduzir a uma vida mais altaneira. Podemos ser cheios do Espírito. Podemos tomar posse da vida eterna. Podemos experimentar a paz que excede todo o entendimento. Podemos usufruir a alegria indizível e cheia de glória. Podemos conhecer a suprema grandeza do seu poder que opera em nós. Podemos ser tomados de toda a plenitude de Deus. Podemos transbordar da Palavra. Podemos ser mais usados nas mãos do Altíssimo.

4. Jabez desejou a presença de Deus mais que suas bênçãos

Jabez não deseja apenas as bênçãos de Deus. Ele anseia por sua presença também: "que seja comigo a tua mão". Jabez não quer apenas as bênçãos de Deus, ele quer, sobretudo, o Deus das bênçãos. O doador é mais importante do que suas dádivas. O abençoador é mais importante do que suas bênçãos. Mais do que coisas, Jabez ansiava por Deus. Mais do que a ajuda dos homens, ele queria a mão de Deus conduzindo sua vida.

As pessoas estão desejando as bênçãos de Deus, e não o Deus das bênçãos. Elas querem prosperidade e cura, e não santidade. Elas querem sucesso, e não piedade. Elas têm sede dos aplausos dos homens, e não fome da glória de Deus. O jovem rico foi a Jesus, mas ele tinha fome de salvação e também de riqueza. Seu amor ao dinheiro era maior do que sua fome de salvação, por isso, abraçou seu dinheiro e rejeitou a Cristo. Muitos vão a Jesus e voltam vazios porque têm fome de salvação e também dos prazeres do mundo. Há pessoas que têm fome de Mamom, e não de maná. Aqueles que estão embriagados pela ganância buscam segurança no ouro, mas encontram a própria morte.

Hoje vivemos uma espiritualidade focada no homem, antropocêntrica. As pessoas correm atrás das bênçãos de Deus, mas não querem Deus. Buscam a Deus não por quem Ele é, mas pelo que Ele pode dar. Para superar as dores do passado, precisamos da presença de Deus e da fortaleza do seu braço para nos sustentar. Jabez ansiava pela presença de Deus. Ele suplicava pela direção de Deus. Sabia que somente a presença de Deus poderia reverter o quadro sombrio da sua vida. As bênçãos sem a presença de Deus não são suficientes para mudar o rumo de nossa vida.

5. Jabez clamou pela proteção de Deus

A oração de Jabez termina com as seguintes palavras: "me preserves do mal, de modo que não me sobrevenha aflição!".

Sua oração termina à semelhança do Pai Nosso, em que pedimos "livra-nos do mal" (Mateus 6:13). Jabez entende que a vida é cheia de perigos. Vida cristã não é uma estufa espiritual. Não somos blindados nem estamos numa redoma de vidro. Estamos cercados de perigos. Há inimigos de fora e temores de dentro tentando nos manter prisioneiros no calabouço do medo. A vida não se processa num parque de diversões, mas num campo de batalha.

Devemos viver na constante dependência de Deus. Somos muito fracos. Não conseguimos enfrentar os inimigos malignos sem auxílio espiritual. Precisamos das armas poderosas em Deus para vencer as tentações. Não somos fortes em nós mesmos; precisamos ser fortalecidos na magnitude do seu poder. O maligno está em nosso derredor procurando nos devorar. Ele é sutil como uma serpente e violento como um dragão. Sem a armadura de Deus, ficamos vulneráveis nessa luta.

JABEZ: SUPERAÇÃO DE ESTIGMAS DO PASSADO

A breve, mas intensa biografia de Jabez termina dizendo: "E Deus lhe concedeu o que lhe tinha pedido" (1Crônicas 4:10). A vida de Jabez se tornou uma contradição de seu nome: aquele que nasceu em meio a dores foi liberto da dor em sua vida e alcançou uma maior alegria proporcionada pela benção, pela presença e pela proteção de Deus.

4

JOQUEBEDE
Fé na providência divina

PERFIL DA ALUNA

Êxodo 2:1-10

A Bíblia descreve com profunda riqueza a história de Joquebede, vivendo sob um regime de opressão e medo no Egito. O povo de Deus estava amargando terrível escravidão. Precisava trabalhar debaixo do chicote para construir as cidades dos seus opressores. O faraó estava oprimindo o povo de Israel, não apenas impondo trabalho forçado, mas também mandando matar seus filhos. Os recém-nascidos tinham de ser lançados nas águas do Nilo. Os filhos dos hebreus deveriam alimentar os crocodilos.

Nesse contexto, Joquebede encontra-se grávida. A gravidez não era mais sinal de vida, mas de morte. Não era mais um sonho acariciado com ternura, mas um pesadelo fatídico, interrompido pela dor do luto. Joquebede, porém, pela fé, escondeu seu filho quando este nasceu e não ficou amedrontada pelo decreto do rei (Hebreus 11:23). Essa mãe nos ensina a depositar a fé no único que detém todo o mundo em suas mãos.

O QUE APRENDEMOS COM A VIDA DE JOQUEBEDE

1. Joquebede agiu corajosamente em vez de se desesperar

O decreto de faraó exigia que apenas os recém-nascidos do sexo masculino entre os hebreus fossem lançados ao Nilo (Êxodo 1:15,16). Talvez, ao descobrir-se grávida, Joquebede orou para que seu ventre gestasse uma menina. Ao fim dos nove meses, porém, nascia um menino.

O que fazer? Joquebede não se entregou ao desespero. Não gastou suas horas perguntando a Deus por que lhe havia mandado um menino em vez de uma menina. Ela foi uma mulher de coragem. Desafiou a própria morte

JOQUEBEDE: FÉ NA PROVIDÊNCIA DIVINA

e escondeu o bebê dos olhos e ouvidos de vizinhos egípcios. A ordem de matar os filhos dos hebreus, dada primeiramente às parteiras, foi estendida a todo o povo (Êxodo 1:22). Joquebede protegeu seu filho dos inimigos. Ela tomou providências meticulosas para esconder o filho das mãos dos sanguinários egípcios. Não teve medo; teve fé. Não olhou para trás nem para os lados, comparando sua situação com a de outras mães que perdiam seus filhos. Ela tinha um bebê saudável e formoso nas mãos. Então, olhou para frente, certa de que o melhor ainda estava por vir.

2. Joquebede fez o que estava ao seu alcance e confiou no Provedor

O texto bíblico diz que Joquebede escondeu seu filho por três meses, porém depois não era mais possível escondê-lo. Qualquer criança saudável, aos três meses, já chora alto demais. Não havia mais como abafar os gritos infantis.

Sem mais recursos em seu lar, Joquebede arquiteta um plano. Ela tomou uma firme decisão: "O meu filho não vai ser cativo. Não vou entregá-lo à morte. Vou fazer de tudo para salvá-lo". As águas do Nilo não seriam a sepultura de seu filho, mas seu barco salva-vidas.

Joquebede preparou um cesto bem calafetado para seu bebê. Ao revesti-lo com betume, ela tomava providências para que o cesto ficasse impermeável e tivesse proteção extra contra o calor do sol.[7] Ela também deixou o cesto "no carriçal, à beira do rio" (Êxodo 2:3). As plantas que cresciam à margem do rio ofereciam proteção extra contra o sol, além de não permitir que a correnteza levasse o cesto embora. Aquele também era um lugar onde havia menos crocodilos, ao contrário de uma margem espraiada ou de um banco de areia.[8]

Joquebede fez tudo o que estava ao seu alcance para proteger o menino. Mas, quando seus recursos se mostraram insuficientes, ela confiou na provisão de Deus. Deus honrou aquela mãe. Ele sempre engrandece aqueles que nele esperam. Está assentado na sala de comando do universo, tem nas mãos o controle da história e age de tal maneira que todas as coisas cooperam para o bem daqueles que o amam. As nossas crises não apanham Deus de surpresa. Mesmo quando a situação foge do nosso controle, Ele continua no controle. Nas horas em que a nossa fonte seca, precisamos compreender que Deus está vivo e bem, e Ele sabe o que está fazendo. Precisamos colocar a nossa confiança no Provedor e não na provisão.

---

[7] COLE, R. Alan. *Êxodo:* introdução e comentário. São Paulo: Vida Nova, 1990, p. 55.
[8] Idem.

JOQUEBEDE: FÉ NA PROVIDÊNCIA DIVINA

3. Joquebede foi honrada por Deus

Deus honrou a atitude daquela mulher de duas formas. Abandonar uma criança no rio era costume no mundo antigo. O rio era um local constantemente frequentado por mulheres, que iam até suas margens para lavar roupa ou preparar comida. Um cesto de junco boiando nas águas certamente atrairia a atenção. Porém, entre todos os locais aonde o cesto poderia ir, ele para justamente onde a filha de faraó havia escolhido para banhar-se. Se o cesto encalhasse perto de um vilarejo israelita, o destino do bebê não teria sido muito diferente de ter ficado em casa. Mas ser encontrado pela filha de faraó lhe dava condições superiores de sobrevivência. Ao ver o bebê, a filha de faraó reconheceu que se tratava de um filho dos hebreus, mas teve compaixão dele e o adotou.

Esse foi o modo como Deus agiu para reconduzir a criança de volta ao seu lar de origem, e Joquebede ainda foi paga para amamentar e criar o próprio filho. Em vez de morrer pelas mãos do faraó, Moisés foi adotado pela filha dele, para viver uma vida palaciana e se tornar um doutor em todas as ciências do Egito. Em vez de cair sob a espada do adversário, Moisés foi parar nos braços de sua mãe.

Aonde Deus chega com sua providência, suas maravilhas acontecem. Uma vida que estava selada para um destino trágico foi resgatada e se tornou fonte de alegria. Deus transforma lágrima em sorriso, tristeza em júbilo, escuridão em luz, noite trevosa em manhã radiosa. Deus consola os tristes, fortalece os abatidos, restaura os caídos e dá vida aos mortos. Para Deus não há impossíveis, pois Ele é onipotente e tudo faz conforme o conselho da sua vontade.

4. Joquebede foi fiel na criação de seu filho

De volta ao lar, Joquebede aproveita bem o tempo que tem com seu filho. Ela inculca nele os princípios da fé de seus antepassados, que era a mesma fé que sua mãe mantinha e nutria. Em seu comentário sobre o livro do Êxodo, Alan Cole diz:

> Foi sem dúvida nestes primeiros anos que Moisés aprendeu sobre o 'Deus de vossos pais' (Êxodo 3:15) e compreendeu que os israelitas eram seus patrícios (Êxodo 2:11) [...] Sem estas informações sobre seus ancestrais, a revelação divina a Moisés não teria raízes.[9]

---

[9] Ibidem, p. 56.

JOQUEBEDE: FÉ NA PROVIDÊNCIA DIVINA

Joquebede creu na providência de Deus. Ela poderia ter se desesperado e abandonado o filho à própria sorte desde o dia do seu nascimento. Mas sua fé no Deus de Israel motivou-a a esconder a criança por três meses; a preparar recursos para que outra pessoa a encontrasse, quando não podia fazer mais nada; e a criar diligentemente seu filho como um israelita. Ela não relaxou, pensando que seu filho esqueceria de seus ensinos quando se deparasse com o luxo do palácio de faraó. Se Deus havia preservado a vida do menino até ali, certamente preservaria no futuro.

Quando o levou ao palácio, o menino recebeu da mãe de criação o nome de Moisés, "Porque das águas o tirei" (Êxodo 2:10). Até aqui se estende a providência de Deus. O nome de Moisés faz alusão ao fato de ele ter sido tirado das águas. Mas por meio de sua história, Deus também resgata seu filho, Israel, das garras do Egito.

5. Joquebede creu e lançou seu filho

A Bíblia conta que Joquebede nasceu no Egito, já na condição de escravidão (Números 23:59). Ela poderia ter se acostumado à situação ao seu redor. Quando nasceu seu terceiro filho, um menino, ela poderia ter se resignado com a morte dele. Porém exercitou sua fé e almejou mais para seu menino.

O salmo 127 descreve os filhos como herança de Deus e também como flechas nas mãos do guerreiro. A vida é uma luta renhida, e os pais são vistos como guerreiros. Nessa batalha titânica da vida, não há campo neutro. Na batalha da vida, todos são convocados a lutar. Nessa batalha, os filhos não são vistos como estorvos, mas como bênçãos. Eles são vitais para a sobrevivência, proteção e defesa dos pais. O que a flecha representava para o guerreiro, os filhos representam para os pais.

Um guerreiro carrega a flecha não apenas como um adorno; não apenas para tê-la sempre perto de si; ao contrário, ele carrega a flecha para lançá-la no momento certo. Joquebede intentou para seu filho algo muito mais elevado que uma vida ao seu lado, como escravo. Ela o criou tendo em vista sua futura vida palaciana.

Não criamos nossos filhos para nós mesmos. Eles não devem ser preparados para viverem sempre ao nosso redor, mas para a vida. Há um momento em que nossos filhos vão alçar voo para longe de nós. Nossos filhos devem ser mais filhos de Deus do que nossos. Devem realizar mais os sonhos de Deus do que os nossos. Como flechas, devem ser lançados para cumprir os propósitos de Deus.

Joquebede no ensina que as tempestades da vida são pedagógicas. Embora inevitáveis, imprevisíveis e não administráveis, têm sempre um propósito positivo. Não existe acaso nem determinismo. Não existe sorte nem azar. Existe, sim, uma providência soberana e sábia que tece as circunstâncias mais sombrias da vida e as transforma em bênçãos em nossa caminhada e na de muitas pessoas que virão depois de nós.

5

NOEMI

Triunfo sobre os traumas da vida

Perfil da aluna

Rute 1

Noemi tem uma das histórias mais dramáticas que já li. Seu nome significa "ditosa, feliz", mas sua história é marcada por grandes desalentos, grandes perdas e grandes traumas.

Ela viveu no período mais turbulento da história de Israel, o período dos juízes. Tempo de instabilidade espiritual e financeira. Tempo de insegurança para as famílias. Tempo de apostasia religiosa.

Noemi enfrentou muitos dramas na vida, mas pôde ver a face sorridente de Deus através da sua providência carrancuda. Do vale mais profundo da dor, nasceu-lhe a esperança mais bendita. Destacaremos princípios para a vitória diante dos traumas do passado e das incertezas do futuro.

O QUE APRENDEMOS COM A VIDA DE NOEMI

1. As perda de Noemi não sinalizavam o fim

Noemi fazia parte de uma família rica de Belém, a terra onde, mais tarde, Davi e o Filho de Deus nasceriam. Belém significa "casa do pão", mas houve um dia em que faltou pão em Belém. A crise se instalou e atingiu pobres e ricos.

Diante da fome, Noemi, o marido, Elimeleque, e os filhos, Malom e Quiliom, fugiram para Moabe. Fugiram da crise em vez de enfrentá-la. Nem sempre é prudente fugir. Sua família buscou a sobrevivência e encontrou a doença e a morte. Buscaram segurança e encontraram a perda total.

Para Noemi, o cenário é de pessimismo. Existe fome, anarquia, desgraça. Ela perdeu bens, deixou para trás família, terra, amizades. Agora, em terra estranha, perde o marido e os filhos. Ela se vê completamente desamparada e sem esperança. Porém, no primeiro tempo do jogo, ainda é cedo para entregar os pontos.

Nos momentos imprevisíveis, não se dê por vencido prematuramente. Deus ainda pode reverter o resultado desse jogo. Espere mais um pouco que as coisas mudarão. A jornada de Noemi é do vale para os montes, da pobreza para a fartura, do anonimato para o reconhecimento mundial. Ela apenas não sabia disso ainda.

Na tribulação, não perca a esperança, como fez Noemi: "Ditosa eu parti, porém o Senhor me fez voltar pobre" (Rute 1:21). Não entregue os pontos, não jogue a toalha. Espere por uma intervenção sobrenatural e milagrosa de Deus em sua vida. Olhar para o futuro com esperança é dizer: "Vai ser melhor do que é hoje". Atravessando a maior luta, a esperança diz: "Vai melhorar!".

2. As perdas de Noemi não significavam que ela estava só

Noemi se deixou abater, se deu por vencida, quando a luta ainda estava no começo. Não tinha perspectivas. Voltaria a Belém porque soube que "o Senhor se lembrara do seu povo, dando-lhe pão" (Rute 1:6). Mas não pretendia recomeçar a vida. Não estava em busca de alegrias. Queria apenas deixar aquela terra que lhe trazia lembranças que amargavam sua alma.

Decidia a voltar, Noemi enfrenta o drama da despedida. Ela já havia perdido o que trouxera consigo para Moabe. Agora, está prestes a perder tudo o que havia encontrado lá. Está se despedindo das únicas pessoas com as quais tinha ligação. As únicas pessoas que podiam lhe dar uma esperança, uma descendência: suas duas noras.

Noemi está rompendo laços extremamente importantes. Está com o coração partido. Sabe que não tem nada a oferecer e nada a reivindicar. Teve de abrir mão do marido e dos filhos sem nada poder fazer. Agora, precisa abrir mão das noras voluntariamente. Sua história está marcada pelas perdas involuntárias e pelas perdas voluntárias.

Porém, pelo texto bíblico, podemos supor que, ao longo da vida, Noemi foi uma sogra que tratou as noras com respeito e amor. Ao casar os filhos, entendeu que não os havia perdido para as noras, mas que ganhara duas filhas que não tinha. Quem planta amor colhe amor. Quem semeia amizade colhe amizade. Assim, nesse tempo de perdas, o relacionamento com as noras mostrava ser a grande âncora da esperança na vida de Noemi. Ela investiu e agora estava colhendo os frutos doces do amor. Muitas mulheres, por não cultivarem um bom relacionamento com as noras, passam a velhice sozinhas e amargas.

Na hora da crise, precisamos ter amigos. De nada adianta você atropelar as pessoas por causa de seus interesses.

O que conta na hora da aflição é ter gente do seu lado que lhe diga: "Aonde quer que fores, irei eu e, onde quer que pousares, ali pousarei eu; o teu povo é o meu povo, o teu Deus é o meu Deus. Onde quer que morreres, morrerei eu e aí serei sepultada; faça-me o Senhor o que bem lhe aprouver, se outra coisa que não seja a morte me separar de ti" (Rute 1:16,17).

3. As perdas de Noemi não eram um desastre total

Noemi viveu a solidão. Ela ficou só em terra estranha. Não tinha a quem recorrer. Não tinha marido, filhos, parentes, dinheiro. Estava absolutamente só. Ela saiu para buscar vida e encontrou a morte. Saiu para encontrar sobrevivência e encontrou o luto. Saiu para fugir da crise e deu de cara com ela.

Nessa saga de dramas, porém, havia pequenos eventos incrivelmente maravilhosos. A mão de Deus está nos detalhes da vida. Sentindo-se só, Noemi não reparou que as noras desejavam acompanhá-la. Ensimesmada, ela lhes disse: "Voltem para casa. Está tudo terminado".

Quando a visão do todo estiver pessimista, devemos tirar os olhos do geral e colocá-los no particular. Algumas pessoas pensam: "Tudo na minha vida vai mal". Mas, se alguém lhes perguntar: "Tudo?", elas certamente verão que nem tudo vai mal. Coisas bonitas, eventos carregados de ternura, pessoas leais, muitas vezes, passam despercebidos. Dentro dos traumas da vida há sinais de esperança. Olhe para a sua vida e veja quanta coisa boa está acontecendo: família, saúde, amigos e sonhos. Quando seu coração estiver apertado de dor, olhe para a prodigalidade do amor das pessoas que estão ao seu lado. A mais bela declaração de amor que temos na Bíblia, usada em cerimônias de casamento, não é de um noivo apaixonado para sua amada, nem de uma noiva romântica para seu amado, mas a declaração de uma nora viúva para sua sogra estrangeira, desamparada, pobre e sem filhos.

4. As perdas de Noemi não indicavam que Deus estava contra ela

A leitura que Noemi faz de sua vida é que Deus está contra ela: "a mim me amarga o ter o SENHOR descarregado contra mim a sua mão" (Rute 1:13); "por que, pois, me chamareis Noemi, visto que o SENHOR se manifestou contra mim e o Todo-Poderoso tem me afligido?" (Rute 1:21).

Embora cheia de dor, suas declarações não são verdadeiras. A relação automática entre o sofrimento e uma punição de Deus foi uma leitura errada que Noemi fez. Muitas vezes, o sofrimento não é uma ação direta de Deus, mas consequência direta da quebra da sua lei moral.

Não creia, como Noemi, que a tribulação é maldição de Deus. Tiago afirma que devemos ter por motivo de alegria passar por provações (Tiago 1:2). Noemi não se encontrava sob maldição. Deus pretendia operar maravilhas em sua vida. Todos os acontecimentos, mesmo aqueles difíceis, faziam parte da direção de Deus.

Deus não é um desmancha-prazeres cósmico, um ser sádico que gosta de nos ver sofrer. Deus é amor. Ele nos ama com amor eterno. Nem sempre o amor nos livra da dor, do sofrimento. Não é fácil ver o rosto de Deus atrás de uma providência carrancuda.

O grande desafio da sua vida é levantar a cabeça, quando todos estiverem dizendo que você nasceu para ser desgraçado, e afirmar: "Não, não foi em vão que meu Jesus sofreu, padeceu e morreu numa cruz". Quando começamos a aceitar o fatalismo do sofrimento, também nos condenamos ao imobilismo.

5. As perdas de Noemi não ofuscariam seu futuro brilhante

Ao chegar em Belém, Noemi está com o coração repleto de mágoa. Amarga, ela atribui todo o seu sofrimento a Deus.

Afirma que Deus descarregou sobre ela a sua mão, que lhe deu grande amargura, que a deixara pobre, que a afligira e se manifestara contra ela.

Talvez a maior e mais profunda perda de Noemi seja a espiritual. Ela se sente injustiçada por Deus. Ela se vê vítima não do inimigo, mas do Senhor. Atribui a Deus toda a tragédia que desabou sobre sua vida. Está com raiva dele.

Noemi quer trocar de nome, deixar de ser "ditosa" para ser conhecida como Mara, "amarga". Ela está tomada por um profundo senso de autopiedade. Quer que todos saibam que não pode mais ser feliz. Ela olha só para o passado e não tem motivos para alegrar-se.

Deus, porém, vai abrindo uma porta. Noemi estava de volta ao seu povo. Sua nora, Rute, casou-se com Boaz, remidor da família. Eles tiveram um filho. Deus deu a Noemi prosperidade. Deu-lhe uma nora que se tornou filha. Deu-lhe um neto que se tornou avô do grande rei Davi e precursor do Messias. O último capítulo da história de Noemi foi um capítulo de vitória, de alegria, de vida, de esperança. Noemi viu que sua descendência cumpriu o projeto de Deus na história.

Quando perdemos o controle, Deus continua no controle. Quando perdemos a esperança, Deus nos conduz em triunfo. Quando você olhar para a vida e não enxergar um sentido, atente para o fato de que Deus é sábio, poderoso e bom o suficiente para transformar os desastres da vida em vitória. É possível que a vida o tenha levado por caminhos difíceis, perdas enormes, sofrimento avassalador. Noemi perdeu sua terra, sua gente, seu marido, seus filhos. As tragédias vieram sobre ela como avalanches. Mas, quando tudo parecia perdido e sem sentido, Deus estava escrevendo uma linda história na vida dessa mulher. Aquela família estava sendo levantada para ser precursora do Messias. O momento presente tem desdobramentos no futuro, os quais mal pode alcançar.

O que Deus fará por meio de um filho, de um neto seu? O que está projetado no futuro depende da sua atitude agora. Quando as coisas parecem sem sentido, com Deus elas fazem todo sentido. Ele continua no trono, construindo a nossa história!

6

ANA
Desejando mais a Deus que suas bênçãos

Perfil da Aluna

1Samuel 1:1—2:11

Ana tinha um grande sonho: ser mãe. Porém era estéril. Sua condição, além de incurável, era considerada um opróbrio. Por todos os lados que Ana andava, encontrava alguém conspirando contra seu sonho de ser mãe.

Na verdade, fora Deus quem havia lhe cerrado a madre e a deixado estéril. Deus adiou o sonho de Ana para que ela entendesse que o Senhor é melhor do que as bênçãos que pode dar. Deus adiou o sonho de Ana para que ela pudesse entender que Ele nos dá filhos a fim de que os consagremos de volta a Ele. O Senhor adiou o sonho de Ana, porque os sonhos dele eram maiores do que os dela. Ana apenas queria ser mãe, mas o Senhor queria que ela fosse mãe do maior profeta, sacerdote e juiz daquela geração.

Deus curou Ana quando ela creu na sua palavra. Ele curou as emoções de Ana, bem como o ventre de Ana. Ela concebeu e deu à luz Samuel, e, quando ele foi desmamado, Ana o levou ao santuário e o consagrou a Deus por todos os dias de sua vida. Samuel foi uma bênção nas mãos do Senhor, um grande intercessor, porque por trás dele havia uma mãe intercessora, que queria que seu filho realizasse não apenas os seus sonhos, mas, sobretudo, os sonhos do coração de Deus.

O QUE APRENDEMOS COM A VIDA DE ANA

1. Ana orou apesar da humilhação e do desencorajamento

Elcana, marido de Ana, tinha outra mulher chamada Penina. Ana era estéril enquanto Penina tinha filhos. Apesar de ser estéril, Ana era amada por Elcana. Em virtude disso, Penina a provocava excessivamente para irritá-la. Sobretudo

ANA: DESEJANDO MAIS A DEUS QUE SUAS BÊNÇÃOS

quando Ana subia à casa de Deus, Penina a irritava tanto a ponto de fazê-la chorar, perder o apetite e ficar deprimida.

À luz de 1Samuel 1:6,7 podemos imaginar Penina dizendo à sua rival atrocidades como: "Ana, você é uma mulher tão crente, ora tanto, vai tanto ao santuário, mas está aí, estéril. Não oro como você, nem vou ao santuário como você, mas estou aqui cheia de filhos. Se esse negócio de orar funcionasse mesmo, você não estaria aí curtindo o opróbrio da esterilidade".

Não era apenas Penina que afrontava Ana e sua fé. O próprio marido, Elcana, não se uniu a ela em suas súplicas a Deus por um filho. Talvez Elcana fosse um homem racional demais para abrir espaço em sua agenda para a possibilidade de um milagre. Além de não acompanhar sua mulher em suas orações, chega mesmo a desencorajá-la de esperar um milagre da parte de Deus.

Por fim, o próprio sacerdote de Deus, Eli, também a desanima. No santuário de Deus, em Siló, Ana derrama o coração diante de Deus. O sacerdote Eli não ora com ela, apenas a observa. Não se identifica com sua dor, mas a julga. Não enxuga suas lágrimas, mas a censura. Não balsama sua alma atribulada, mas a acusa de estar bêbada.

Ana, porém, não hospeda no coração aquelas palavras injustas. Não permite que flechas cheias de veneno azedem seu coração. Não perde o foco. Continua orando e

125

aguardando de Deus um milagre, ainda que seja mal interpretada no santuário de Deus, pelo homem de Deus.

Apesar de todas as palavras contrárias, Ana ora a Deus. A despeito de ser humilhada pela rival, desencorajada pelo marido e mal compreendida pelo sacerdote, Ana continua orando ao Senhor, esperando dele uma intervenção sobrenatural. Ela não arrefece seu ânimo. Não desiste de orar e de esperar um milagre de Deus em sua vida.

2. Ana creu na palavra do Senhor mesmo antes de ver a mudança das circunstâncias

O mesmo sacerdote que abrira a boca e falara uma tolice para Ana, chamando-a de bêbada, agora abre a boca e é um profeta de Deus. Eli não exerce um juízo temerário, mas é instrumento de Deus para levar àquela mulher aflita uma palavra de Deus. Ele diz: "Vai-te em paz, e o Deus de Israel te conceda a petição que lhe fizeste" (1Samuel 1:17). A mesma Ana que não acolheu as palavras insensatas de Eli abriga agora em seu coração essas palavras de bênção. Ana creu na promessa e experimentou duas curas extraordinárias.

A primeira cura foi emocional. Está escrito que Ana, após ouvir a bênção de Eli, "se foi seu caminho e comeu, e o seu semblante já não era triste" (1Samuel 1:18). O aspecto de Ana mudou quando creu na promessa da palavra de Deus. Um brilho novo irradiou em sua face. A tristeza bateu em retirada, e a depressão foi embora. Ela creu, por isso tomou posse da vitória antes mesmo de a cura chegar.

A segunda cura de Ana ocorreu em Ramá, onde morava. Ela voltou com seu marido para casa, e ele teve relação com ela. Deus se lembrou de Ana, que concebeu e deu à luz um filho, a quem chamou Samuel. Em Siló, Deus curou sua alma; em Ramá, Deus curou seu ventre. Em Siló, Deus curou suas emoções; em Ramá, Deus curou seu corpo. Em Siló, ela creu; em Ramá, ela concebeu. Em Siló, ela tomou posse da cura pela fé; em Ramá, o milagre aconteceu. Deus vela sobre a sua palavra para a cumprir. Nenhuma de suas promessas cai por terra. Não devemos esperar ver para crer; devemos crer para ver. A fé precede o milagre, e o milagre é a recompensa da fé. A fé vê o invisível, toca o intangível e toma posse do impossível.

3. Ana consagrou seu filho a Deus antes mesmo de o conceber

Ana pede um filho não para si, mas para Deus. Ela quer um filho não para fazer dele um ídolo, mas para consagrá-lo ao Senhor. Ela não tem o propósito de ficar gravitando em torno do seu filho, mas quer consagrá-lo para o serviço de

Deus. Ela entende que os filhos vêm de Deus, são de Deus e devem ser consagrados de volta a Deus. Ana consagra o filho a Deus antes mesmo de ele nascer. Promete entregá-lo não por alguns dias, enquanto está embalada pelas emoções, mas por todos os dias da sua vida. Promete ainda dedicá-lo a Deus como um nazireu, como alguém totalmente dedicado à obra de Deus.

Quando Ana engravida e dá à luz Samuel, cria-o no peito e assume o compromisso de apresentá-lo no santuário, em cumprimento de seu voto, e lá deixá-lo para o serviço do Senhor para sempre. De fato, isso ocorreu. Tão logo Samuel foi desmamado, Ana o levou a Eli e entregou seu filho a ele, na casa de Deus, para lá ficar todos os dias de sua vida.

Ana fez um voto a Deus e o cumpriu cabalmente. Ela foi perseverante no seu pedido a Deus e foi fiel a Ele no cumprimento de seu voto.

4. Ana entregou seu filho a Deus mesmo diante de problemas humanamente insuperáveis

Ao levar seu filho Samuel a Siló, Ana poderia argumentar com Deus que Eli já estava muito velho para cuidar de uma criança. Além do mais, os dois filhos do sacerdote, Hofni e Fineias, não se importavam com o Senhor. Os pecados dos filhos de Eli eram muito grandes diante do Senhor, porque

Ana: desejando mais a Deus que suas bênçãos

eles desprezavam a oferta do Senhor, eram adúlteros, procediam de modo pecaminoso, faziam o povo transgredir e não ouviam os conselhos do pai. Eli, por sua vez, havia perdido a autoridade espiritual sobre os filhos e era conivente com os pecados deles.

Ana poderia argumentar que o ambiente era muito hostil para cumprir seu voto e deixar seu filho aos cuidados de homens tão perigosos. Mas ela confiou no Senhor. Visitava seu filho anualmente e levava presentes para ele. Deus honrou Ana, e Samuel cresceu diante do Senhor. Ele serviu ao Senhor perante Eli. Todo o Israel, do norte ao sul, reconhecia que Samuel estava confirmado como profeta do Senhor. Na verdade, o Senhor continuou a falar em Siló por meio de Samuel, e não dos filhos de Eli.

5. Ana se alegra em Deus, e não em seu filho

Ana desejou ardentemente ser mãe e, por essa razão, orou corajosa, perseverante e esperançosamente. Quando Samuel nasceu, ela despejou torrentes de ações de graças a Deus, alegrando-se nele e não em seu filho. Ana anseia ser mãe, mas sua alegria maior não está na maternidade nem mesmo no filho, mas em Deus. Seu cântico expressa isso: "O meu coração se regozija no Senhor, a minha força está exaltada no Senhor" (1Samuel 2:1).

Ana orou com instância a Deus e derramou sua alma diante dele, mas sempre aceitou a soberania de Deus em sua vida. Ela disse: "O Senhor é o que tira a vida e a dá; faz descer à sepultura e faz subir. O Senhor empobrece e enriquece; abaixa e também exalta. Levanta o pobre do pó e, desde o monturo, exalta o necessitado, para o fazer assentar entre os príncipes, para o fazer herdar o trono de glória" (1Samuel 2:6-8).

Ana entendeu que os filhos são dádivas de Deus, mas não substitutos dele. Eles nos trazem grande alegria, mas Deus é a fonte da nossa maior alegria. Eles são herança de Deus, são como flechas nas mãos do guerreiro, mas Deus continua sendo nossa maior fonte de excelso prazer.

6. Ana recebeu de Deus muito mais do que havia lhe pedido

Ana pediu a Deus um filho, e Deus atendeu sua petição. Como Ana consagrou seu filho a Deus, Eli ora em seu favor para que ela tenha mais filhos. E Deus concede a Ana o privilégio de gerar mais três filhos e duas filhas. Penina, a outra esposa de seu marido, sempre a provocava porque tinha filhos e Ana não os tinha. Agora, Deus recompensa Ana dando-lhe filhos e filhas: "Abençoou, pois, o Senhor a Ana, e ela concebeu e teve três filhos e duas filhas" (1Samuel 2:21).

ANA: DESEJANDO MAIS A DEUS QUE SUAS BÊNÇÃOS

Deus surpreende e excede. Ele pode fazer mais, muito mais, infinitamente mais. O filho de Ana, Samuel, foi o homem mais importante de sua geração. Foi íntegro do começo ao fim. Orou pelo povo e pregou ao povo com fidelidade. Seu exemplo reverbera ainda hoje. Sua vida tem inspirado milhões de pessoas de geração em geração.

Portanto, entenda que se suas orações ainda não foram atendidas e se seus sonhos ainda estão sendo adiados é porque Deus está preparando algo maior e melhor para a sua vida. Persevere em oração!

7

ELI
Os perigos da negligência familiar

PERFIL DO ALUNO

1Samuel 2:12—4:22

A família de Eli é um exemplo de família que tinha tudo para dar certo, mas se desintegrou. Eli foi um grande homem, mas fracassou como pai. Era famoso fora dos portões, mas um perdedor dentro de casa. Esse líder de Israel que cuidava dos outros se esqueceu de sua própria casa.

Seus filhos, Hofni e Fineias, foram sacerdotes como o pai, mas absolutamente profanos. Eram incrédulos, rebeldes, blasfemos e filhos de Belial. Eram sacerdotes profissionais que não se importavam com Deus. Conviviam com o sagrado, mas não tinham respeito por Deus, nem pela lei, nem pelo povo. Cresceram na igreja, mas não no Senhor. Lideravam e ensinavam o povo, mas eram ímpios.

A história de Eli nos traz lições práticas quanto ao perigo de cuidarmos dos outros e ignorarmos os de nossa própria casa. Quando nos conformarmos com os pecados de nossa família a ponto de estarmos mais preocupados em agradá-la do que em honrar a Deus, o cálice da ira de Deus pode encher-se, e então não haverá mais esperança para o nosso lar.

O QUE APRENDEMOS COM A VIDA DE ELI

1. Os sucessos de Eli não compensaram o fracasso de sua família

Eli tinha uma posição muito respeitada e era um líder estável em seu serviço. Ele ministrou em Siló por 40 anos como sacerdote e julgou Israel durante todo esse tempo.

Sua dupla função exigia muito do seu tempo. Ele era um homem ocupado com os negócios do povo e com as coisas de Deus.

ELI: OS PERIGOS DA NEGLIGÊNCIA FAMILIAR

No entanto, no lar, Eli foi um pai ausente que não tinha tempo para os filhos. Ele nunca estava em casa. Sempre esteve muito ocupado cuidando dos filhos dos outros, ouvindo e aconselhando famílias, ajudando a resolver os problemas alheios. Assim, esqueceu-se dos filhos. Os outros pais tinham tempo para contar aos filhos as histórias de Abraão, Isaque e Jacó, mas Eli estava assoberbado com muitas tarefas e não tinha disponibilidade para Hofni e Fineias.

Quando os filhos são pequenos, eles querem brincar com os pais e ficar com eles; quando crescem, os pais querem ficar com os filhos, mas estes já não os querem mais. Muitos pais inventam ocupações desnecessárias. Estão sempre dizendo para os filhos: "Um dia desses teremos mais tempo", mas esse dia nunca chega.

O diálogo está morrendo dentro dos lares, e as exigências aumentam. Um filho chega em casa e diz: "Pai, fiquei em segundo lugar da minha turma na prova de matemática". O pai, em vez de celebrar com o filho, reclama de seu desempenho. Imagine um filho que chega em casa e diz que tirou nove na prova de Ciências, e o pai lhe diz: "Menino, quando você vai tirar dez?". O pai que age assim está dizendo indiretamente que ama o filho pelo seu desempenho. É melhor o pai dizer: "Meu filho, estou feliz com o seu sucesso. Penso até que você tem potencial para mais.

Mas, mesmo que tivesse fracassado nessa prova, eu amaria você do mesmo jeito".

Nenhum sucesso compensa o fracasso do lar. O problema é que, muitas vezes, os filhos não têm com os pais o mesmo crédito que têm a empresa, o futebol, a televisão e o dinheiro. Há pais que substituem presença por presentes. Um pai disse, certa feita, no funeral de seu filho: "Eu daria tudo para começar tudo de novo".

2. A negligência de Eli não compensou a suposta paz da família

Eli foi um pai omisso, que não abriu os olhos os sinais de perigo dentro do lar. Ele recebeu três advertências quanto ao comportamento vergonhoso dos filhos, mas as ignorou.

A primeira advertência veio do povo. A situação vergonhosa dos filhos de Eli era de conhecimento popular. O povo não ocultava de Eli os pecados dos seus filhos. O povo dizia: "Os seus filhos são motivo de tropeço para nós. Eles estão vivendo de forma escandalosa. O que eles fazem é mau. Você, Eli, fica com a imagem arranhada por causa dos seus filhos. A obra de Deus é prejudicada por causa deles". Mas a advertência de Eli é frouxa. Ele exorta os filhos, mas não os disciplina, nem os pune, nem os afasta do sacerdócio. Ele exorta com palavras, mas não com ações.

ELI: OS PERIGOS DA NEGLIGÊNCIA FAMILIAR

A segunda advertência veio por meio de um profeta anônimo. Deus denuncia a ingratidão de Hofni e Fineias. Lavra a sentença de que o ministério deles iria cessar. O profeta aponta a autoridade da sentença: "Assim diz o SENHOR" (1Samuel 2:27), e mostra o princípio sobre o qual Deus exerce a autoridade: "aos que me honram, honrarei" (1Samuel 2:30). O profeta anuncia a repreensão, a rejeição de Deus e, por fim, o castigo sentenciado por Deus.

A terceira advertência veio do próprio Senhor através do profeta Samuel. Para os critérios de avaliação de Deus, a prova de fogo da liderança de um pai não reside no âmbito de suas habilidades sociais, suas relações públicas, mas em casa (1Timóteo 3:1-5). Eli foi omisso em corrigir seus filhos diante de tantas advertências. Foi débil, frouxo. Faltou autoridade. Faltou pulso. Faltou firmeza.

Quando alguém adverte você a respeito de sua família, de seus filhos, como você reage? Quando a professora manda um bilhete, o que você faz? O que é mais importante: manter a "paz" na casa, evitando o conflito, ou confrontar comportamentos que poderão levar à perdição?

3. A piedade de Eli não indicava que seus filhos eram crentes

Eli era um homem crente. Seu nome significa: "Jeová é o meu Deus". Ele representava os israelitas diante de Deus, instruía-os na palavra e intercedia por eles. Eli também foi uma pessoa de fé. Era a boca de Deus. Foi Eli quem disse para Ana: "Vai-te em paz, e o Deus de Israel te conceda a petição que lhe fizeste" (1Samuel 1:17), e Ana concebeu e deu à luz Samuel.

Porém, no seu lar, Eli honrava mais aos filhos do que a Deus, permitindo que eles continuassem a praticar diversos pecados no exercício do sacerdócio.

Os filhos de Eli viviam escandalosamente na imoralidade. Eram casados, mas adúlteros. Eles adquiriram má fama e nem trataram de ocultar sua luxúria. Pecavam contra as pessoas das quais deveriam cuidar e as quais deveriam pastorear. Pecavam dentro da própria casa de Deus. Não respeitavam a Deus, nem suas esposas, nem a palavra de Deus, nem o sacerdócio, nem o povo. Eram sacerdotes, mas faziam o povo tropeçar.

Os pecados dos líderes são mais graves, mais hipócritas e mais danosos — mais graves porque pecam contra maior conhecimento, mais hipócritas porque combatem aquilo que praticam, e mais danosos porque os pecados do mestre são os mestres do pecado e, assim, fazem o povo tropeçar. Eles não eram neutros. Eram uma pedra de tropeço. Charles Spurgeon diz que não há maior instrumento do Diabo dentro da igreja do que um ministro ímpio e impuro.

Por fim, eles eram sacerdotes, mas não ouviam conselhos nem advertências. Não honravam nem a Eli e nem a Deus. Quem desobedece aos pais desobedece a Deus. O pecado da rebeldia é como o pecado da feitiçaria. Filhos rebeldes são a vergonha dos pais. Provérbios 19:18 diz: "Castiga a teu filho enquanto há esperança". Hoje, há filhos mandando nos pais, e pais são reféns dos filhos, porque negligenciaram a correção quando ainda havia tempo.

4. O conhecimento espiritual de Eli não trouxe santidade para sua casa

Quando Deus falou ao jovem Samuel, Eli sentiu que era o Senhor que falava, então, instruiu o menino quanto ao que fazer. Eli era espiritualmente sensível. Discerniu a presença de Deus naquela noite. Sabia o que significava contatar-se com Deus e era capaz de discernir a voz do Senhor. Eli possuía poder espiritual.

Eli, porém, foi conivente com o pecado dos filhos. Não apenas deixou de corrigi-los como também se tornou participante de seus pecados. A Bíblia diz que, quando morreu, Eli estava acima do peso. Por quê? Porque também se engordava das ofertas que o povo de Israel oferecia no santuário. Eli comia da carne que seus filhos tomavam inescrupulosamente do sacrifício.

Hofni e Fineias não respeitavam a orientação da Palavra de Deus quanto às ofertas trazidas ao santuário (Levítico 7:30-34; 3:16; 7:23-25). Eles exerciam o sacerdócio apenas para satisfazer seus apetites. Não davam honra ao nome do Senhor. Para eles, o ritual era apenas uma tarefa pública para levar comida ao estômago. Estavam na igreja, trabalhavam na igreja, mas não conheciam a Deus. Desrespeitar as coisas de Deus era o costume deles.

Eli aceitou o estilo de vida que os filhos levavam a ponto de se tornar parceiro deles e conivente com seus pecados. Apesar de seu poder espiritual, Eli não zelou pela santidade de sua família.

5. A passividade de Eli não adiou o julgamento de Deus

Por fim, Eli foi um pai passivo ao fatalismo. Aceitou passivamente o decreto de derrota sobre sua casa. Não reagiu. Não clamou por misericórdia. Não orou. Entregou os pontos. Eli não tinha mais forças para lutar pela salvação da sua casa.

A família de Eli acabou em tragédia porque pensou que podia fazer a obra de Deus sem santidade. Durante um enfrentamento dos israelitas contra os filisteus, Hofni e Fineias levam a arca, símbolo da presença de Deus, mas

Eli: os perigos da negligência familiar

a arca é roubada, e eles morrem, junto com outros 30 mil homens.

Ao receber a notícia da tragédia, Eli cai da cadeira, quebra o pescoço e morre. A nora grávida dá à luz prematuramente um filho a quem chama de Icabode, que significa "foi-se a glória de Israel". Eles só reconheceram que Deus estava longe depois da tragédia.

Será que a glória de Deus está se ausentando da sua casa, da sua família? É hora de agir. Nenhum sucesso compensa a perda da nossa família. Não abra mão da sua família. Você não gerou filhos para a morte. Você não gerou filhos para o cativeiro. Ore, lute, chore e jejue pela salvação da sua casa.

8

SAUL

Manobras erradas na estrada da vida

PERFIL DO ALUNO

1Samuel 9—11; 13—15; 18—20; 22; 24; 26; 28; 31

Saul poderia ter sido um rei bem-sucedido, mas acabou como um fracassado. Começou bem e terminou mal. Suas decisões foram desastradas. Tropeçou nas próprias pernas. Foi derrotado não pelos inimigos nem pelas circunstâncias, mas por si mesmo.

Saul tinha tudo para triunfar. Tinha a unção de Deus e o apoio do povo. Deus era com ele. Era líder, tinha carisma, mas terminou sua vida em tragédia. Fez opções erradas.

Não escutou conselhos. Endureceu o coração. Perdeu a comunhão com Deus e não buscou mais sua face na crise. Sempre tentava se justificar. Teve medo das consequências do seu pecado, mas não do pecado. De queda em queda, foi descendo um profundo abismo.

Saul fez uma série de manobras erradas na estrada da vida. Quando chegava numa encruzilhada, sempre tomava a direção errada. A vida de Saul é uma trombeta a alertar-nos para o perigo de começar bem a carreira e perder-se na caminhada. Ela nos ensina que podemos desperdiçar as oportunidades da vida. Ela nos ensina o que não devemos fazer. Também nos aponta para o perigo de receber em si mesmo a merecida punição do seu erro.

O QUE APRENDEMOS COM A VIDA DE SAUL

1. Saul se revelou impaciente (1Samuel 13:1-15)

Saul deu vários passos rumo à impaciência. Na batalha contra os filisteus, Samuel se ausentou e deixou para Saul a ordem de esperá-lo sete dias para fazer o sacrifício (1Samuel 10:8). No exército filisteu havia 30 mil carros, 6 mil cavaleiros e uma multidão de pessoas "como a areia que está à beira-mar" (1Samuel 13:5). Diante disso, os israelitas foram ficando nervosos. Sentindo-se em apuros, os homens de Israel foram se escondendo "pelas cavernas, e pelos buracos, e pelos penhascos, e pelos túmulos, e pelas cisternas" da região (v. 6).

Passou o primeiro dia, o segundo, o terceiro, o quarto, o quinto, o sexto. O inimigo achava-se ali perto. A tensão tomava conta do arraial. Os capitães das tropas vinham dizer a toda hora que o moral dos soldados estava baixando. Será que Saul não podia tomar nenhuma providência? Alguns dos homens começaram a abandonar Saul, voltando para casa. Saul estava nervoso. "Onde está Samuel, por que ele não vem?"

No sétimo dia, ao raiar do dia, outros soldados foram embora. Saul, então, não aguentou esperar mais e disse: "Trazei-me aqui o holocausto e ofertas pacíficas. E ofereceu o holocausto" (v. 9). Quando estava terminando de fazer o sacrifício, chegou Samuel. Saul tentou dar suas desculpas: "O povo ia se espalhando; você não vinha; o inimigo já se armara; precisava urgentemente de uma bênção a qualquer custo; fui forçado pelas circunstâncias". Mas Samuel repreendeu Saul e o chamou de tolo.

A impaciência é uma confissão de que não acreditamos que Deus está no controle de tudo. Impaciência é incredulidade. Às vezes, somos tentados a agir por nós mesmos, ainda que o sinal de Deus esteja vermelho para nós.

2. Saul agiu com insensatez
(1Samuel 14:24-30,38-45)

Sem comunhão com Deus, confiando em si mesmo, Saul, em plena guerra, sacrifica seus soldados, fazendo um juramento néscio: "Maldito o homem que comer pão antes de anoitecer, para que me vingue de meus inimigos" (1Samuel 14:24).

Jônatas, seu filho, não sabendo do voto, comeu mel e recobrou as forças. Saul, porém, achava que Jônatas deveria morrer. Não fora a intervenção do povo, Saul teria matado o próprio filho.

Há pais que criam leis tão rígidas para seus filhos que os deixam sufocados. Saul se achava o dono da vida das pessoas. O poder havia subido à sua cabeça, e ele começou a agir insensatamente.

3. Saul não obedeceu integralmente
(1Samuel 15)

Saul não seguiu a Deus nem executou seus mandamentos da maneira como lhes foram passados. Saul poupou

SAUL: MANOBRAS ERRADAS NA ESTRADA DA VIDA

Agague, rei do exército inimigo, e também o melhor dos rebanhos quando Deus lhe havia ordenado a fazer justamente o contrário. Além de obedecer parcialmente, Saul mentiu, dizendo que tinha executado a ordem de Deus. Ele tentou racionalizar. Em vez de se curvar, buscou meios de justificar seu erro. Ademais, Saul deu desculpas infundadas (v. 14,15). Disse que desobedecera à ordem de Deus para fazer sacrifícios a Ele. O Senhor, porém, não aceita culto associado à desobediência. Finalmente, Saul bateu o pé dizendo que tinha obedecido (v. 19-21). Ele queria obedecer do seu jeito, a seu modo.

Samuel diz a Saul: "Tem, porventura, o SENHOR tanto prazer em holocaustos e sacrifícios quanto em que se obedeça à sua palavra? Eis que o obedecer é melhor do que o sacrificar, e o atender, melhor do que a gordura de carneiros" (v. 22). Deus não busca adoração, mas adoradores; Ele não quer sacrifício, mas obediência.

Samuel segue dizendo a Saul que não obedecer a Deus é rebelião, ocultismo. Não obedecer é como idolatria. Então, Saul usa a máscara de uma confissão fingida, sem arrependimento: "Pequei; honra-me, porém, agora diante dos anciãos" (v. 30). Ele estava preocupado com a sua posição, não com seu pecado. Samuel se afasta de Saul, e este não mais o procura. Saul não quer mais ouvir a palavra que vinha de Deus. Prefere o caminho da fuga ao caminho do confronto.

4. Saul engrandeceu a si mesmo
(1Samuel 9:17-27; 10:17-27; 15:1,12)

Enquanto desobedecia ao Senhor, Saul chegou a ponto de construir um monumento para si mesmo, como se ele, e não o Senhor, tivesse vencido o inimigo.

Essa atitude contrasta grandemente com o caráter humilde que Saul apresentou quando foi escolhido por Deus para reinar sobre Israel. Longe de vangloriar-se, Saul se sentiu indigno de ocupar a posição de rei. Colocou-se no seu lugar. Não buscou holofotes. No dia da sua coroação, ele se escondeu no meio da bagagem por não se achar digno de tamanha honra. E na primeira oposição dos filhos de Belial, Saul agiu com humildade e mansidão. Não os esmagou, usando sua força. Ao contrário, entregou sua causa a Deus, com profundo senso de humildade.

O orgulho, porém, fez com que Saul se engrandecesse e se considerasse não somente digno de ser rei, mas também o verdadeiro líder do povo, digno de um monumento. Saul fez exatamente o contrário de Davi. O grande sonho de Davi era construir um templo para Deus. O grande sonho de Saul era construir um monumento ao seu próprio nome.

Quais são os monumentos que você está construindo? Estão sendo erigidos à sua própria pessoa? São para atender aos seus próprios desejos? Você está buscando a glória de Deus ou a glória do seu próprio nome?

5. Saul deixou-se possuir por um ciúme doentio (1Samuel 18:6-30)

Saul deixou que uma música de sucesso em Israel controlasse seu coração e infernizasse sua vida. As meninas cantavam nas ruas. Os soldados assobiavam em suas fileiras. As mulheres entoavam em suas casas. Isso indignou Saul.

Em primeiro lugar, a fama de Davi provocou ódio em Saul. O ódio é um fogo destruidor. É uma porta aberta à ação do Diabo (Efésios 4:26,27). Estando enciumado, um espírito maligno se apossou de Saul. Sua vida passou a ser controlada por um espírito maligno. Seu coração se tornou um poço de ódio. Em vez de se arrepender, Saul se endureceu. Ele queria destruir Davi não por causa dos erros de Davi, mas por causa das suas virtudes. Saul atirou uma lança contra o jovem com a intenção de assassiná-lo. Mais tarde, tentou matá-lo astutamente pelas mãos dos filisteus, usando o casamento da filha como pretexto. Saul perseguiu Davi de forma aberta e incansável e por ciúme chegou a matar 85 sacerdotes e a cidade inteira de Nobe (1Samuel 22:6-19). Porém, mesmo diante de tantas atrocidades, o ciúme de Saul não passou. Ele buscou matar Davi todos os dias (1Samuel 23:14).

6. Saul abandonou Deus e entregou-se ao ocultismo (1Samuel 28)

Saul, que não buscou a Deus por intermédio do profeta Samuel enquanto este era vivo, agora quer falar com o falecido Samuel por meio de feitiçaria. Saul torna-se incoerente. Busca o que ele mesmo havia combatido: "Bem sabes o que fez Saul, como eliminou da terra os médiuns e adivinhos" (v. 9).

No começo de sua carreira, Saul foi transformado, possuído e usado pelo Espírito de Deus (1Samuel 10:6-13; 11:6). Ele teve o privilégio de desfrutar da intimidade de Deus. Soube o que era o poder de Deus na sua vida. Teve intimidade com o sagrado. Porém uma sequência de pecados não confessados e não abandonados tornou Saul cada vez mais endurecido e alheio a Deus. Por isso, em vez de buscar a Deus, busca o próprio Diabo. Torna-se tolo, desorientado, crédulo, massa de manobra nas mãos do inimigo.

7. Saul desesperou-se a ponto de se suicidar (1Samuel 31:4,5)

Saul caiu nos laços de seu próprio pecado. A Bíblia diz em Provérbios 29:1: "O homem que muitas vezes repreendido endurece a cerviz será quebrantado de repente sem que haja cura". A Bíblia diz que Deus matou Saul porque ele consultou uma necromante, mas Saul tirou a sua própria vida, visto que se atirou sobre sua espada. Seu fim foi trágico porque ele jamais se dispôs a se arrepender. Em vez de voltar-se para Deus, sempre fez manobras para afastar-se cada vez mais do Senhor.

O que distinguiu Saul de seu sucessor, Davi, não foi o pecado. Ambos pecaram contra Deus. A diferença é que Davi, quando confrontado, arrependeu-se. Saul, por sua vez, tornou-se mais endurecido. Saul pensava na sua própria glória; Davi buscava a glória de Deus.

9

DAVI
O dom das lágrimas

> **PERFIL DO ALUNO**

Salmos

Davi foi o maior rei de Israel. Governou durante 40 anos e tornou notórios seu nome e seu reino. Foi um hábil administrador, um estadista incomum, um guerreiro audacioso e um estrategista singular. Acumulou riqueza e glória. Mas a vida desse homem segundo o coração de Deus não foi imune ao sofrimento.

Davi foi perseguido por Saul, acuado pelos seus adversários e até mesmo atacado pelo próprio filho Absalão, que queria tirar-lhe a vida e tomar-lhe o trono. O que fazer nessas horas?

Davi sabe que não existe sossego para sua alma enquanto não entregar seus fardos a Deus. Seja por causa da dor de seu próprio pecado, seja em meio aos ataques mais violentos do inimigo, Davi apresenta tudo diante dos céus. Roga a Deus, entre lágrimas, para que a luz do seu rosto resplandeça sobre ele.

Davi nos ensina que momentos de desespero, pecado, tristeza, medo, impiedade devem nos levar às lágrimas. E as lágrimas devem ser depositadas aos pés do Senhor, que nos consola.

O QUE APRENDEMOS COM A VIDA DE DAVI

1. Davi vertia lágrimas em meio à adversidade (Salmo 3)

Davi estava vivendo o momento mais sombrio da sua vida. Já tinha travado lutas terríveis com feras, com o gigante Golias, com os filisteus e com o rei Saul. De todas essas refregas saíra vitorioso; mas agora a luta era contra seu filho Absalão. Davi já está idoso quando Absalão passa a conspirar contra ele para tomar-lhe o palácio, a coroa e a vida.

DAVI: O DOM DAS LÁGRIMAS

Davi é traído pelo filho, pelos líderes e pelo povo. Precisa fugir às pressas de Jerusalém para não ser morto nessa emboscada. Às carreiras, deixa o palácio e sobe o Monte das Oliveiras chorando. Desenha-se no horizonte a batalha mais inglória de seu longo reinado.

Os salmos 3 a 7 são uma espécie de diário dessa fuga de Davi. O rei não está mais dormindo no palácio real. Não tem mais uma cama macia com lençóis de fios egípcios na qual repousar, nem travesseiros de pena de ganso para descansar sua cabeça cheia de cãs. Ele agora dorme em cavernas ou tendas improvisadas. Deixou para trás o palácio, o trono e a coroa, para preservar sua vida como único despojo. Enquanto vivia como fugitivo, clamou a Deus: "SENHOR, como tem crescido o número dos meus adversários! São numerosos os que se levantam contra mim" (v. 1).

As circunstâncias eram carrancudas, porém, ao depositar sua situação diante do Senhor, o coração de Davi serenou. Os pés atravessavam o vale, mas, no coração, o terreno estava plano. Por isso, Davi podia se deitar numa cama improvisada em seu esconderijo e logo pegar no sono. Sua segurança não vinha dos seus sentimentos ou da situação à sua volta, mas de Deus.

Nossos problemas, muitas vezes, vêm como uma torrente sobre a nossa cabeça. Nosso lar por vezes se transforma na fonte de nossa maior angústia. Aqueles que

155

deveriam nos oferecer consolo se transformam no motivo da nossa maior tristeza. Nessas horas, precisamos buscar refúgio em Deus para dormir em paz. O melhor calmante é a fé em Deus. Quando Deus é o nosso refúgio, a cama mais dura se transforma em cenário de repouso e, mesmo reclinando nossa cabeça num travesseiro de pedra, podemos sonhar com as glórias do céu.

2. Davi vertia lágrimas quando tangia o desespero (Salmo 13)

A vida de Davi era cheia de perigos. Adversários o atacavam por fora, e temores se levantam por dentro. Era ameaçado por forças visíveis e invisíveis. Atacado por pessoas e circunstâncias. Tentado por espíritos malignos e por pensamentos indignos.

Davi tinha a sensação, às vezes, de que esses inimigos iriam prevalecer contra ele: "Ilumina-me os olhos, para que eu não durma o sono da morte; para que não diga o meu inimigo: Prevaleci contra ele" (v. 3b,4a). Sentindo-se fatalmente ameaçado, sorvendo o cálice amargo da tristeza, Davi orou e foi animado pelo Altíssimo: "No tocante a mim, confio na tua graça" (v. 5).

A graça de Deus é um favor imerecido. Deus nos concede seu favor, quando somos merecedores de seu juízo.

A graça de Deus é uma âncora firme nas tempestades da vida. É um refúgio seguro no temporal. Quando confiamos na graça de Deus, marchamos resolutos diante dos inimigos e vencemos todas as turbulências da nossa alma. Como resultado, podemos nos regozijar na salvação de Deus. É do alto que brota a nossa cura. É de Deus que vem o livramento. É do céu que emana a nossa salvação. Em vez de capitularmos ao medo e ficarmos esmagados pela tristeza, podemos nos alegrar na salvação que vem de Deus.

3. Davi vertia lágrimas pelo seu pecado (Salmo 51)

A felicidade não está no topo da pirâmide social nem mesmo no prestígio político e econômico. Quando Davi pecou contra Deus e adulterou com Bate-Seba, continuou no trono, mas a mão de Deus pesava sobre ele de dia e de noite. Seu vigor se tornou sequidão de estio. A alegria fugiu da sua face, e a paz foi embora do seu coração.

Quando Deus confrontou Davi, ele se arrependeu e chorou pelo pecado mais do que pelas suas consequências. A ofensa contra Deus feriu-o mais do que o juízo de Deus sobre o seu pecado. Ele disse: "O meu pecado está sempre diante de mim" (v. 3). Ele não disse: "A espada está sempre diante de mim" ou "O castigo está sempre diante de mim".

Davi não culpou as circunstâncias; reconheceu e confessou seu pecado. Pediu a Deus um novo coração. A razão de sua queda não estava na beleza de Bate-Seba, mas na impureza do seu próprio coração. Como Davi, precisamos clamar desesperadamente: "Cria em mim, ó Deus, um coração puro e renova dentro de mim um espírito inabalável" (v. 10).

O pecado é o pior de todos os males. O pecado é contrário à natureza de Deus, uma vez que Ele é santo, e o pecado é uma coisa imunda. O pecado é uma rebelião contra Deus e uma consumada ingratidão contra Ele.

Pecamos contra o sangue de Cristo, contra a graça do Espírito. Não deveríamos nos banhar nas lágrimas do arrependimento? Davi encharcou seu travesseiro e foi consolado.

4. Davi vertia lágrimas em busca de fé (Salmo 56)

O medo é um sentimento comum a todos os seres humanos. Temos medo de tudo aquilo que escapa ao nosso controle. Temos medo de tudo aquilo que nos ameaça. Davi havia sido preso pelos filisteus em Gate. Sua vida corria sério risco, e sua morte parecia inevitável. Humanamente falando, não havia nenhum recurso capaz de livrá-lo do opressor. Mesmo sendo um guerreiro experiente, Davi não vislumbrava nenhum socorro oriundo do braço humano que pudesse libertá-lo. Por isso, combateu o medo com a confiança em Deus: "Em me vindo o temor, hei de confiar em ti" (v. 3).

A fé triunfa sobre o medo. A fé ri das circunstâncias adversas e das impossibilidades. Não porque a fé seja poderosa, mas porque o objeto da fé é o Deus onipotente. Para Deus não há impossíveis. Quando Ele está ao nosso lado, somos mais que vencedores. Quando Ele luta as nossas guerras, saímos sempre vitoriosos. Davi não confiava nos deuses pagãos adorados pelos filisteus nem nos deuses criados pela arte e imaginação dos homens. Ele confiava no Deus onipotente, criador, provedor, libertador, redentor, consolador. Embora os homens estivessem armados para matá-lo, Davi sabia que sua vida estava nas mãos de Deus. Um mortal não nos pode fazer nenhum mal se estamos debaixo das asas do Onipotente.

5. Davi vertia lágrimas pelo pecado dos outros (Salmo 119)

Sensível à santidade de Deus, Davi também chorava pelos pecados daqueles que desobedeciam ao Senhor: "Torrentes de água nascem dos meus olhos, porque os homens não guardam a tua lei" (v. 136).

Devemos chorar pelas blasfêmias da nossa sociedade. Pela profanação do nome de Deus, pela remoção dos marcos e dos absolutos. Devemos chorar pela escassez dos que choram. Devemos chorar pela frieza da igreja. Devemos chorar pela falta de choro entre nós. Devemos chorar pelo pecado na igreja (1Coríntios 5:2). Devemos chorar por causa dos escândalos que afastam as pessoas de Deus e do evangelho.

A dormência espiritual que nos impede de chorar por aqueles que perecem é um adiantado estado de decadência espiritual. Choramos por coisas banais e não lamentamos pelas verdadeiras causas espirituais. Jesus chorou sobre a impenitente cidade de Jerusalém. Paulo chorava ao ver a dureza dos corações. Davi pranteava pelo fato de os homens não obedecerem à lei de Deus.

6. Davi se alegra pelas lágrimas que verteu (Salmo 119)

Davi foi ungido rei de Israel por ordenança divina (1Samuel 16:1,11-13). Porém, em vez de levá-lo ao trono, a unção divina conduziu-o à escola do sofrimento. Davi, que até então vivia pacatamente nas montanhas de Belém, experimentou fuga, perseguição, derrotas, traições. A bonança tornou-se tempestade. Deus estava tratando Davi, estava burilando e quebrantando seu escolhido, tirando o Saul que havia no coração dele antes de colocá-lo no trono de Saul.

Davi até poderia questionar a fidelidade, o cuidado e a proteção de Deus, mas, em vez disso, ele afirma: "Foi-me bom ter eu passado pela aflição, para que aprendesse os teus decretos" (Salmos 119:71).

Muitas pessoas se desesperam ao passar pelo vale do sofrimento. Há sofrimentos físicos, mentais, emocionais e espirituais. Há dores na alma piores do que ter a carne fustigada pela doença. Não poucas pessoas se revoltam contra Deus. Porém o sofrimento deve nos instruir em vez de nos destruir. Deve nos tomar pela mão e nos ensinar a viver com mais sensibilidade e sabedoria em vez de nos enclausurar na masmorra da mágoa e do ressentimento.

10

MEFIBOSETE
A graça restauradora de Deus

PERFIL DO ALUNO

2Samuel 9; 16:1-4; 19:24-30

Mefibosete era filho de Jônatas e neto do rei Saul. Era membro da família real. Nasceu em berço de ouro, cercado de riqueza, pompa e glória.

Aos 5 anos, Mefibosete perdeu o avô e o pai numa batalha. Sua ama, ao receber a notícia da morte da realeza, fugiu com o pequeno Mefibosete (2Samuel 4:4). Era costume entre os povos orientais que um novo rei matasse os membros da dinastia anterior. Foi por isso que os membros da família de Saul fugiram ao saberem que Davi havia sido coroado rei. Porém, na pressa da fuga, Mefibosete caiu e em decorrência da queda ficou aleijado de ambos os pés o resto da sua vida.

Seu nome significa "vergonha destruidora". Mefibosete viveu escondido por cerca de 15 a 20 anos, curtindo sua dor, sua vergonha, seus conflitos. Sua sorte muda quando o rei Davi, motivado pela amizade que tinha com Jônatas, busca um descendente do falecido amigo para receber sua bondade, e Mefibosete é o escolhido.

A situação de Mefibosete diante da benevolência de Davi é uma ilustração da graça de Deus para com o pecador que, nas palavras do filho de Jônatas, "não passa de um cão morto" (2Samuel 9:8). Com a trajetória desse homem, podemos aprender verdades acerca da infinita graça de Deus em relação a cada um de nós.

> ## O QUE APRENDEMOS COM A VIDA DE MEFIBOSETE

1. Mefibosete é agraciado pela lealdade de Davi

Davi está no trono de Israel. Tem um exército poderoso. Deus tem abençoado seu reinado, que prospera e se expande. Em meio à prosperidade, Davi se lembra de seu

Mefibosete: a graça restauradora de Deus

querido amigo Jônatas e da aliança que fizera com ele, de ser bondoso com a sua descendência (1Samuel 20:15,42). Davi, então, quer saber: "Resta ainda, porventura, alguém da casa de Saul, para que use eu de *bondade* para com ele, por amor de Jônatas?" (2Samuel 9:1) A palavra "bondade", grifada no verso anterior, em hebraico é *chesed* e também pode ser traduzida como "graça". Davi não pergunta se há alguém merecedor. Se há alguém qualificado. Se há alguém sábio que ele possa usar nos assuntos do governo ou alguém forte que possa ser usado no exército. Não, ele simplesmente indaga se há alguém para receber *graça*.

Mefibosete foi amado incondicionalmente. Assim como foi alvo do amor e da bondade de Davi por causa do amor a Jônatas, Deus também nos aceita incondicionalmente e nos salva por causa da obra de Cristo em nosso favor. Assim como Davi estendeu sua bondade a alguém sem méritos, Deus nos dá sua graça sem merecimentos. A graça de Deus é seu favor a quem não merece, mas dele necessita.

2. A situação de Mefibosete o torna indigno

Os súditos de Davi falam que Ziba, antigo servo de Saul, pode saber de algum descendente de Jônatas. Ziba é trazido à presença do rei Davi para responder à pergunta do rei. Ele a responde com preconceito: "Claro que sim, rei

Davi, existe alguém. Mas é aleijado dos dois pés. É indigno, imprestável numa sociedade que sobrevive ou da guerra ou da agricultura. Ele não tem nenhuma importância nem aparência real".

Como Mefibosete, a pessoa sem Cristo também está coxa, não pode caminhar direito. Ela cai, tropeça, não consegue andar em veredas. Sem Cristo, o ser humano não fica de pé nem consegue ir com as próprias pernas na direção de Deus.

O pecado é esse tombo que nos aleija para toda a vida. O episódio em que os primeiros seres humanos pecam é chamado de "queda", porque marca o momento histórico em que caímos como humanidade. Somos seres caídos. Nossa inclinação é para o mal. Somos permanentemente aleijados na terra.

Foi nesse estado decaído que aprouve a Deus demonstrar sua graça para conosco: "Mas Deus prova o seu próprio amor para conosco pelo fato de ter Cristo morrido por nós, sendo nós ainda pecadores" (Romanos 5:8).

3. Mefibosete é trazido de um lugar árido para o palácio

Davi quer saber onde estava Mefibosete. "Na casa de Maquir, filho e Amiel, em Lo-Debar" (2Samuel 9:4). Lo-Debar é

MEFIBOSETE: A GRAÇA RESTAURADORA DE DEUS

o nome de uma região e significa "lugar árido, seco, deserto". Mefibosete, que nasceu para ser príncipe, está vivendo na casa de outra pessoa, numa região sem vida e morta.

Davi mandou trazer Mefibosete do lugar de esquecimento e humilhação onde ele habitava, para colocá-lo perto de si em Jerusalém, a capital do reino.

Deus fez o mesmo por nós. Ele nos resgatou do nosso Lo-Debar pessoal de escravidão e miséria. Longe da graça de Deus, vivemos num mundo morto, árido e seco. Não há alegria. Não há paz. Existe só medo. Deus nos tirou do tremedal de lama. Ele nos tirou de uma vida desértica e nos levou para sua casa, onde temos comunhão com Ele e nos assentamos à sua mesa com seus outros filhos.

4. Mefibosete aceita o favor real

Mefibosete estava com medo quando foi encontrado. Pensou que iria morrer. Mas Davi não ministra medo ou morte. Davi ministra graça. Davi não queria humilhá-lo, mas exaltá-lo. Então diz: "Não temas" (2Samuel 9:7);

Esta é uma das frases que Jesus mais repetiu: "Não temas". Jesus não veio para esmagar a cana quebrada. Não veio julgar, condenar, humilhar. Veio de braços abertos para salvar, perdoar, curar, libertar. Jesus é aquele que se manifestou cheio de graça e de verdade, a fim de nos salvar. Jesus veio nos colocar de pé.

Diante de tamanha honra, Mefibosete reconhece que nada merece, comparando-se a um cão morto. Ele não fala das épocas de glória de sua família. Não tinha nada a ofertar, nada a fazer. Era realmente inútil na vida de Davi. Não podia servi-lo de nenhuma forma. Ele nada merecia. Sequer tentou ganhar o favor do rei. Só pôde aceitá-lo humildemente.

Paulo diz que nossa salvação não vem de nós; é graça de Deus (Efésios 2:8,9). À semelhança de Mefibosete, somos pessoas sem esperança, pecadores totalmente sem merecimento, indignos da graça. A única coisa que podemos fazer é humildemente aceitar o favor do Rei.

5. Mefibosete recebe a restituição da sua herança

A bondade de Davi é generosa: ele restitui a Mefibosete as terras, a herança de seu pai. Recebe provisão com fartura. Recebe a bênção de sentar-se sempre à mesa do rei com o rei. É tratado como um filho, e senta-se à mesa com os demais filhos de Davi — Amnom, Tamar, Salomão e Absalão.

Davi adotou Mefibosete na família real. Com isso, não restitui apenas suas posses. Davi lhe restaura a dignidade.

Nós também fomos adotados na família de Deus. Fomos feitos filhos e filhas, herdeiros e herdeiras. Temos intimidade, liberdade e acesso irrestrito à presença do Pai. Carregamos sobre nós o nome do Pai, a natureza do Pai, a herança do Pai. Agora, assentamo-nos à mesa do Pai em comunhão com seus outros filhos, todos igualmente favorecidos por sua graça.

6. Mefibosete é acusado

Muitos anos depois desse evento, Absalão, filho de Davi, rebela-se contra o pai com o intuito de apossar-se do reino. Davi e seus apoiadores fogem de Jerusalém, mas Mefibosete não o segue. Ziba, o homem que ficou a serviço de Mefibosete, diz a Davi que Mefibosete ficou em Jerusalém porque tinha a esperança de que a dinastia de Saul fosse restaurada. Ele esperava ser feito rei em lugar de Davi.

Quem sai do império da morte sempre atrai um inimigo forte. A Bíblia diz que nosso adversário é o Diabo (1Pedro 5:8). Ele nos acusa diante de Deus de dia e de noite. Satanás é um ser rebelde e maligno. Por isso vê tudo de forma distorcida. Olha para os homens projetando sua maldade. Quando acusou Jó diante de Deus, Satanás diz que Jó só o servia por interesse. Estava afirmando que a devoção de Jó não passava de uma barganha com Deus. Satanás acusa Jó de ser um utilitarista que se aproxima de Deus não por quem Ele é, mas por aquilo que Ele dá.

Quando somos restaurados por Deus, isso provoca a fúria do inimigo. Ele tenta lembrar a Deus, e também a nós, que nossa salvação foi um erro.

7. Mefibosete escolhe a presença do rei

Quando uma pessoa assume uma vida santa, toda a trama do inimigo cai por terra. Quando a rebelião de Absalão é abafada, Davi volta a Jerusalém. Mefibosete vai desesperadamente ao seu encontro: "não tinha tratado dos pés, nem espontado a barba, nem lavado as vestes desde o dia em que o rei saíra até ao dia em que voltou em paz" (2Samuel 19:24). Mefibosete mostra, com sua vida, que as acusações de Ziba eram infundadas. E quando Davi lhe diz para dividir suas posses com Ziba, Mefibosete se mostra disposto a abrir mão de tudo. Seu maior prazer não está na riqueza, mas em estar na presença do rei, na casa do rei.

Quando encontramos a vida eterna, a graça, a alegria da intimidade com Deus, não procuramos mais a Deus para ter riquezas ou saúde. O que mais ansiamos é a comunhão com Ele. Não são as bênçãos de Deus, mas o Deus das bênçãos. Na intimidade com Deus, o próprio Deus se torna a nossa maior necessidade, nosso maior desejo, nossa maior aspiração.

11

ISAÍAS
Estratégias para dias de crise

PERFIL DO ALUNO

Isaías 6

O nome *Isaías* significa "O Senhor deu salvação". De maneira providencial, o nome do profeta se encaixa perfeitamente ao caráter de seu trabalho: "a sua pregação foi governada pelo tema de que é só o Senhor que salva, enquanto todos os esforços humanos se demonstram ser vãos".[10]

---

[10] RIDDERBOS, J. *Isaías*: introdução e comentário. 2 ed. São Paulo: Vida Nova, 1995, p. 9.

Quando foi chamado, Isaías vivia em Jerusalém, o coração pulsante do reino de Judá e o epicentro de diversas crises que assolavam a nação.

O chamado de Isaías para o ministério profético aconteceu em meio a uma crise nacional, que afetava diversas esferas da vida. Por meio de seu profeta, Deus enviou mensagens de confronto, mas também de esperança, ao seu povo em dias difíceis e incertos.

O QUE APRENDEMOS COM A VIDA DE ISAÍAS

1. Isaías levantou-se em meio a uma crise política

Depois de 52 anos de sólido governo, Uzias está morto. O vácuo no trono trouxe insegurança à nação e um futuro incerto na política. A alternância no governo de Judá foi desastrosa. Levantaram-se em Jerusalém muitos homens que oprimiram o povo e fizeram desviar a nação da presença de Deus.

No Brasil, também vivemos uma crise política profunda. A corrupção está instalada dentro do palácio, do congresso nacional e da câmara de deputados. Os políticos são hoje a classe mais desacreditada da nação. As instituições democráticas estão falidas. Há fortes evidências de corrupção instalada nos poderes constituídos. Aqueles que foram eleitos para legislar, governar e julgar estão, muitas vezes, mancomunados com esquemas nefastos de corrupção, roubando o dinheiro que deveria alimentar os pobres e trazer progresso à nação.

Isaías nos lembra que, na crise, precisamos olhar para cima e saber que Deus reina. Deus está no trono. As nossas crises não o apanham de surpresa. Não abalam o seu trono. Os céus governam a terra. Deus dirige a história. Quem dirige os destinos da humanidade não são os poderosos, mas o Todo-poderoso. Essa é a grande mensagem de Isaías. Não importam as crises. Deus está no comando e vai colocar todos os seus inimigos debaixo dos seus pés. Não se desespere, nenhum fio de cabelo da sua cabeça pode cair sem que Ele o permita. Ele reina!

2. Isaías levantou-se em meio a uma crise econômica

Em Judá, os ricos ficavam cada vez mais ricos, e os pobres, cada vez mais miseráveis. Os reis edificavam seus palácios com sangue. Os ricos oprimiam os fracos e faziam alianças espúrias com os juízes para assaltar o direito dos inocentes. Judá entrou em crise por causa dos impostos abusivos, dos tributos onerosos que a nação pagava aos reis estrangeiros em troca de segurança. O povo trabalhava, mas os lucros fugiam-lhe das mãos. Isso trouxe riqueza para uma minoria que juntava casa a casa e campo a campo, jogando o povo na miséria. "O poder legislativo de Judá decretava leis injustas para negar justiça aos pobres e arrebatar o direito dos aflitos, despojando as viúvas e roubando os órfãos" (Isaías 10:1,2).

Nós também convivemos com a trágica realidade da corrupção, dos milhões desviados para paraísos fiscais, do enriquecimento rápido e imoral de um bando de pessoas perversas e inescrupulosas que vendem a alma da nação, enquanto os impostos são abusivos, os salários são achatados, os lucros para os trabalhadores são minguados e as grandes instituições financeiras nadam em lucros estratosféricos. Porém, na crise, o que nos garante não são medidas econômicas, mas a misericórdia de Deus. Precisamos ter uma visão pessoal da nossa real condição aos olhos de Deus.

Antes de Isaías contemplar a Deus, proferiu uma série de ais:

1. Ai dos gananciosos (Isaías 5:8).
2. Ai dos beberrões (5:11).
3. Ai dos injustos (5:18).

4. Ai dos corrompidos moralmente (5:20).
5. Ai dos soberbos (5:21.
6. Ai dos farristas (5:22).
7. Ai de mim (6:5). Ele diz isso quando vê o Senhor, o que o leva a se voltar para dentro de si.

Russel Shedd diz que o maior pecado da igreja hoje é a dureza de coração. É falta de quebrantamento. É ausência de choro pelo pecado. Precisamos ter uma visão de profunda angústia pelo nosso pecado. O ai de Isaías a si mesmo é um ai de dor, de lamento, de angústia, de tristeza profunda. Ele não chora apenas as consequências do seu pecado, mas lamenta porque seus lábios são impuros. Só quem tem um verdadeiro encontro com Deus consegue enxergar a malignidade de seu próprio pecado. Quanto mais perto de Deus, mais vemos a hediondez do nosso pecado.

Precisamos ter uma visão do pecado que nos rodeia. Isaías se incomoda com o pecado do povo. Chora pelo pecado da nação. Geme de dores por causa da transgressão do seu povo. Ele não é uma pessoa alienada espiritualmente. As feridas do seu povo estão doendo no seu coração.

Reconhecer nossos pecados deve levar ao lamento, mas, acima de tudo, à confissão. Não há perdão quando não há confissão. Precisamos ter uma visão da graça perdoadora de Deus (Isaías 6:6,7). Deus é Deus de perdão.

3. Isaías levantou-se em meio a uma crise moral

O povo se corrompeu. Perdeu seus absolutos. Abraçou uma ética flácida e situacional. Perderam a noção de moralidade: chamavam luz de trevas e trevas de luz; o doce de amargo e o amargo de doce (Isaías 5:20). Judá caiu pelos seus pecados. Roma caiu pelos seus pecados. Os impérios caíram pelos seus pecados. Deus disse para Israel: "Volta, ó Israel, para o Senhor teu Deus, porque pelos teus pecados estás caído" (Oseias 14:1).

O Brasil está na lama da imoralidade. Os políticos são corruptos. As drogas e o narcotráfico ditam leis no submundo do crime. A sensualidade é desenfreada. Somos o país da maior parada gay do planeta. O país de 2 milhões de abortos criminosos por ano. O país do carnaval, dos estádios megalomaníacos, do samba. O reino da pinga, o império da desonestidade e da mentira. O país das mães adolescentes, do crime organizado, dos sequestros criminosos.

Quando a moral enfraquece, precisamos nos relembrar de que Deus é santo, santo, santo. Quando a Bíblia diz "santo", ela define. Quando diz "santo, santo", ela enfatiza. Quando diz "santo, santo, santo", ela coloca no grau superlativo. Deus é majestoso. Ele é glorioso. Ninguém jamais pode ver a Deus. Ele habita em luz inacessível. A maior necessidade da igreja hoje é ter uma percepção da majestade de Deus em seu meio. Precisamos ter um senso da glória de Deus. É impossível ter uma visão da glória de Deus sem se humilhar no pó.

Precisamos saber que os seres mais exaltados adoram a Deus da maneira mais reverente. Os serafins cobrem o rosto e os pés num gesto de profunda reverência. E voam para cumprir suas ordens. Das seis asas, usam quatro para adorar e duas para servir. Se os próprios serafins se prostram, poderemos nos manter altivos na presença de Deus?

Deus é santo, e toda a terra está cheia da sua glória. Ele é o Senhor dos Exércitos, o Deus que luta por nós, que guerreia as nossas guerras, que se manifesta e que age poderosamente em favor do seu povo.

4. Isaías levantou-se em meio a uma crise espiritual

O povo de Judá era como filhos rebeldes. Era pior do que animais irracionais. O boi conhece o seu dono, mas Judá não conhecia o Senhor (Isaías 1:3). Judá estava doente: com feridas dos pés à cabeça. A despeito da ignorância, o povo ainda mantinha as aparências e fazia sacrifícios ao Senhor. Mas Deus estava cansado do culto hipócrita.

O Brasil é o país que vê crescer uma igreja evangélica que prega outro evangelho: sincrético, místico, semipagão. O Brasil é o país que vê a igreja evangélica transformar-se num mercado, sem doutrina, sem moral, sem compromisso, sem ética. O Brasil é o país que tem uma igreja ortodoxa, mas desprovida de piedade. Uma igreja que tem conhecimento, mas não fervor. Tem doutrina, mas vive cheia de arrogância.

O envio de Deus nunca precede a restauração espiritual. Vida com Deus é mais importante do que vida para Deus. A vida vem antes do trabalho. A consagração vem antes do ministério. Só depois que Isaías viu a Deus e foi perdoado é que pôde ouvir o desafio de Deus para fazer sua obra. Deus trabalha em nós antes de trabalhar por meio de nós. Adoração vem antes de missão. Santificação vem antes de serviço.

O chamado é dirigido a todos aqueles que foram perdoados. O Deus que salva é o mesmo que chama para o serviço. Deus não nos salvou para a indolência, mas para o serviço. Somos todos membros do corpo. Somos todos ramos da videira. Somos todos ovelhas. Somos todos ministros da reconciliação. Não feche seus ouvidos. Não endureça seu coração. O campo é o mundo. Não chegue diante de Deus de mãos vazias. Deus não o salvou apenas para levá-lo ao céu, mas para que você fosse um vaso de honra em suas mãos, a fim de levar esse evangelho aos pecadores.

À disposição para atender ao chamado e realizar a obra de Deus, Isaías se coloca em suas mãos. O fogo começou a arder em seu peito. A brasa começou a queimar em seus lábios. Ele se levantou. Ele se dispôs. Ele atendeu. Isaías denunciou o pecado. Apresentou com firmeza os desmandos do rei Acaz. Atacou a exploração dos pobres. Denunciou a ganância insaciável dos ricos. Interferiu nos pactos internacionais com o Egito, que substituíam a confiança no Senhor. Denunciou a religião sem vida.

Hoje temos muitos desafios: na família, na escola, na empresa, no trabalho. Deus está chamando cada um de nós para sermos uma bênção em sua nação. Deus está chamando você para se levantar e pôr a mão no arado. O clamor dos céus cruza os séculos e cai nos nossos ouvidos: "A quem enviarei, e quem há de ir por nós?" (Isaías 6:8).

12

DANIEL
As marcas da integridade

> **PERFIL DO ALUNO**

Daniel 6

Daniel era notório por possuir um espírito excelente no meio de uma geração corrompida. Em virtude da sua fidelidade a Deus, o Senhor o fez mais sábio do que todos os magos da Babilônia (Daniel 1:19,20) e lhe deu discernimento das coisas espirituais (Daniel 2:5). Sua sabedoria fê-lo ascender aos altos escalões do governo babilônico. Isso, todavia, não atingiu sua integridade.

Daniel era ousado para dizer a verdade, mesmo que fosse para confrontar o pecado do próprio rei (Daniel

5:17-30). Ele nunca escondeu dos reis aos quais serviu a sua devoção ao Deus vivo. Sua postura ética era de fidelidade a Deus e lealdade ao rei (Daniel 6:22).

Nesse mar lodacento de corrupção, Daniel é um exemplo digno de ser imitado. Em meio à corrupção que se avolumava ao seu redor, entre governos que se erguiam e eram derrotados à traição, ele manteve sua integridade.

O QUE APRENDEMOS COM A VIDA DE DANIEL

1. Daniel teve seu caráter íntegro aprovado

Warren Wiersbe escreveu um livro que se tornou muito popular, *A crise da integridade*. Nesse livro, ele mostra que a crise de integridade está presente nos palácios e nas choupanas, nas instituições governamentais e no comércio, na família e também na igreja. Aqueles que deveriam ser paradigma da integridade se tornam pedra de tropeço e motivo de escândalo, traindo sua vocação.

A integridade precisa passar por dois testes. Primeiro, o teste da adversidade. Você permanece íntegro quando enfrenta problemas, calamidades, perdas, perseguições, injustiça, calúnia e humilhações? A Bíblia diz: "Se te mostras fraco no dia da angústia, a tua força é pequena"

(Provérbios 24:10). Segundo, o teste da prosperidade. A integridade muitas vezes é forjada na bigorna da prosperidade. Dizem as Escrituras: "Como o crisol prova a prata, e o forno, o ouro, assim, o homem é provado pelos louvores que recebe" (Provérbios 27:21).

O profeta Daniel passou por esses dois testes e se revelou uma pessoa íntegra. Sua vida constitui-se num exemplo clássico de integridade. Daniel não foi um produto do meio. Ele teve coragem para ser diferente. Ele não se corrompeu. Manteve sua postura irrepreensível, quer nos dias de adversidade, quer no tempo da prosperidade. Foi fiel a despeito das colossais oportunidades recebidas e da pressão sofrida.

Há muitos que galgam os postos mais elevados, mas não têm um espírito excelente. Chegam ao topo da fama, mas trafegam por caminhos sinuosos para chegar lá. Conquistam riquezas, mas transigem com a consciência e aviltam a ética para granjear fortunas. São condecorados com muitas medalhas de honra ao mérito, mas tripudiam os fracos para conquistar tais insígnias. A maior glória do ser humano não é seu dinheiro nem sua fama, mas seu caráter. É melhor ter um bom nome do que muitas riquezas. É melhor ter um espírito excelente do que muitos diplomas. É melhor ser reconhecido no céu do que ser aplaudido na terra.

2. Daniel era íntegro no meio da corrupção

Daniel foi nomeado pelo rei Dario para ocupar um alto posto político. O objetivo do rei era coibir a corrupção galopante que campeava em todo o reino. A vida irrepreensível e sem mácula, o caráter incorrupto e honesto e a administração eficiente e vitoriosa de Daniel suscitaram a inveja de seus companheiros. Astuciosamente, eles orquestraram contra Daniel.

A justiça incomoda os corruptos. A verdade é intolerável para os que maquinam o mal. Investigaram a vida de Daniel. Fizeram uma devassa em sua vida pública e privada, mas chegaram à conclusão de que Daniel era íntegro. Sua inocência foi constatada. Você suportaria uma investigação meticulosa em sua vida pessoal e pública? Daniel suportou e saiu aprovado.

A corrupção é um mal crônico no Brasil. Ela é endêmica. Alastra-se como um rastilho de pólvora. Infiltra-se como um gás venenoso pelas frestas do poder. Atinge o coração da nação e enfraquece a fibra moral do nosso povo. Nesse meio tão fermentado pela corrupção, precisamos buscar modelos dignos de serem imitados. Daniel foi um político impoluto e sem mácula. Um servidor incorruptível e insubornável. Daniel foi um estandarte que ainda tremula na história, uma pessoa de bem, um líder de escol, um homem singular.

3. Daniel foi perseguido por ser íntegro numa geração decadente

Os colegas de trabalho tramaram astuciosamente contra ele. Usaram a arma da orquestração vil para incriminar Daniel. Inflaram o ego do rei, bajulando-o, apenas para colocar um laço de morte nos pés de Daniel. O rei assinou um decreto movido pela vaidade, mas sem discernir a intenção real que estava por trás da bajulação de seus homens de confiança. Mas Daniel manteve sua fidelidade a Deus mesmo sabendo que seria jogado na cova dos leões. Seus inimigos o acusam e pressionam o rei a cumprir a lei que sancionara, com o objetivo único de tirar Daniel do caminho.

A virtude dos bons é um risco severo à corrupção dos maus. O que incomodava os políticos esfaimados pelo lucro desonesto no império medo-persa era a probidade administrativa de Daniel. Homens que não se vendem são um sério obstáculo aos interesses mesquinhos e criminosos dos aproveitadores de plantão. Para afastar esses ícones da honestidade de seu caminho, os perversos lançam mão de estratégias covardes. Tornam-se peritos na adulação hipócrita e na mentira perversa. Sua desfaçatez não tem limites. Prostram-se diante daqueles que são famintos de reconhecimento, não para lhes prestar sincera homenagem, mas para alcançar seus objetivos nefastos.

Foi isso o que fizeram com Daniel. Encheram o rei Dario de rasgados elogios apenas para lhe armar um laço para os pés e apanhar Daniel. Os inimigos de Daniel estavam convencidos de que não havia nenhuma brecha em sua vida, nenhum flanco aberto, nenhuma inconsistência em sua conduta. E já que não puderam encontrar nele qualquer delito, resolveram matá-lo por causa de suas virtudes.

4. Daniel orou mesmo sabendo que aquele era o caminho do martírio

Daniel tinha uma vida abundante e sistemática de oração. Mesmo sendo muito ocupado, Deus era a prioridade da sua vida. Ele não alterou sua vida devocional por causa da perseguição. Em vez de capitular ao desespero na iminência da morte, ele deu graças a Deus com toda serenidade. Daniel temia a Deus, por isso não tinha medo dos homens.

O único político íntegro do reino foi jogado na cova dos leões. Hoje escasseiam os líderes que têm intimidade com Deus, e se multiplicam aqueles que se julgam autossuficientes. Poucos homens públicos são homens de oração. Poucos conhecem a intimidade do altar. Daniel não se iludiu com o glamour do poder a ponto de perder a intimidade do altar. Sua maior prioridade não era buscar fama na terra, mas ser amado no céu. Seu objetivo de vida não era construir monumentos para si na história, mas dar glória e honra ao Deus que dirige a história.

Daniel orou nos momentos mais cruciais da sua vida. Orou quando era jovem e orou quando estava velho. Orou em secreto e também em lugares públicos. Orou sozinho e orou com seus amigos. Orou quando era escravo e depois que chegou ao poder. Orou para buscar sabedoria para viver e orou quando estava na iminência de morrer.

Não teremos líderes que possam influenciar positivamente a nação a não ser que tenhamos líderes que conheçam a Deus. As autoridades constituídas precisam entender sua vocação. Aqueles que são escolhidos pelo povo para governar o povo são ministros de Deus para promover o bem e coibir o mal. Eles recebem o mandato por meio do povo, mas exercem o poder em nome de Deus e da parte de Deus. Um governante que zomba de Deus e escarnece de seus princípios se torna um pesadelo para o povo.

5. Daniel foi protegido por Deus

Deus não livrou Daniel da perseguição, mas o livrou da morte. Deus não o livrou dos problemas, mas nos problemas.

Vida: a grande escola de Deus

Deus não o livrou da presença dos leões, mas fechou a boca dos leões. O rei, ao ver a mão de Deus com Daniel, tirou-o da cova dos leões e lançou nela aqueles que haviam conspirado contra a vida de Daniel.

Daniel permaneceu íntegro durante toda a sua vida. Começou bem e terminou bem. Foi íntegro na juventude e íntegro na velhice. Íntegro na adversidade e íntegro na prosperidade. Por isso, através do seu testemunho, todo o império medo-persa foi impactado pela proclamação de que o Deus de Daniel é o único Deus verdadeiro. Daniel foi um líder de proa tanto na Babilônia como no reino medo-persa. Ele atravessou incólume a turbulência da Babilônia e sua queda e influenciou de forma decisiva o novo império mundial. Daniel permaneceu imperturbavelmente firme diante das mais barulhentas tempestades da história, porque estava firmado na Rocha que não se abala. Seu caráter impoluto direcionou-lhe os passos na crise, e a verdade divina alumiou seu caminho, conduzindo-o em triunfo.

13

NEEMIAS
Atributos de um intercessor

> **PERFIL DO ALUNO**

Neemias 1

Neemias, governador de Jerusalém, é um clássico exemplo de um intercessor. Ele foi uma pessoa de oração e ação. Tinha intimidade com os céus e grande destreza na terra. Como consolador, Neemias viveu perto das pessoas; como intercessor, perto de Deus.

A força da oração é maior do que qualquer combinação de esforços na terra. A oração move o céu, aciona o braço onipotente de Deus, desencadeia grandes intervenções de Deus na história. Quando uma pessoa trabalha, é ela quem trabalha, mas, quando ora, é Deus quem trabalha por ela. Neemias começa seu ministério orando. Sua oração é uma das mais significativas registradas na Bíblia. Vemos nela os elementos da adoração, petição, confissão e intercessão.

O QUE APRENDEMOS COM A VIDA DE NEEMIAS

1. Neemias sentia sobre si o fardo dos outros

Só aqueles que têm compaixão podem sentir na pele a dor dos outros e levá-la ao trono da graça. Neemias chorou, lamentou, orou e jejuou durante quatro meses pelo seu povo. Sua oração foi persistente e fervorosa.

O conhecimento dos problemas do seu povo levou Neemias a orar a respeito do assunto. Um intercessor torna-se responsável ao reconhecer uma necessidade. Reconhecer um problema nos responsabiliza diante de Deus e dos homens. Um intercessor sente a dor dos outros em sua própria pele. Um egoísta jamais será um intercessor.

2. Neemias reconhecia a soberania de Deus sobre si

Um intercessor aproxima-se de Deus com um profundo senso de reverência. Neemias começa a sua intercessão

Neemias: atributos de um intercessor

adorando a Deus. Entende que Deus é o governador do mundo. Focaliza sua atenção na grandeza de Deus, antes de pensar na enormidade do problema.

Um intercessor aproxima-se de Deus sabendo que Ele é soberano, onipotente, diante de quem precisamos nos curvar cheios de temor e reverência. Um intercessor aproxima-se de Deus sabendo que, para Ele, não há impossíveis. Quanto maior Deus se torna para você, menor se torna o seu problema.

3. Neemias se firmava na fidelidade de Deus

Um intercessor sabe que Deus é fiel à sua aliança. Neemias expressou isso claramente em sua oração: "que guardas a aliança e a misericórdia para com aqueles que te amam e guardam os teus mandamentos" (Neemias 1:5). Somos o povo de Deus. Ele firmou conosco uma aliança eterna de ser o nosso Deus, e nós, o seu povo. Ele vela por nós e prometeu estar conosco sempre. Ele prometeu nos guardar, conduzir-nos em triunfo e nos receber na glória.

Um intercessor não se fundamenta em seus méritos, mas na fidelidade de Deus. Neemias tinha disposição para interceder porque conhecia o caráter fiel e misericordioso de Deus. Quanto mais teologia você conhece, mais comprometido com a oração você deve ser. Deus responde às orações. Ele é o Deus que vê, ouve e intervém.

4. Neemias importunava Deus com suas súplicas

Um intercessor é alguém que não descansa nem dá descanso a Deus. Neemias foi incansável em sua importunação. Ele orou continuamente, com perseverança. Muitas vezes, começamos a interceder por uma causa e logo a abandonamos. Neemias orou 120 dias com choro, com jejum, dia e noite. Ele insistiu com Deus.

Um intercessor é aquele que se coloca na brecha em favor de alguém. Ele ora em favor do povo de Deus e se preocupa com a honra de Deus. Esse povo é servo de Deus. É o nome de Deus que está em jogo. Neemias sente esse fardo e o coloca diante de Deus em fervente oração.

5. Neemias reconheceu seus pecados e os do povo

Um intercessor tem consciência das causas da derrota do povo. O pecado foi a causa da miséria dos que voltaram do cativeiro. O pecado produz fracasso, derrota, vergonha, opróbrio. Neemias compreendeu que a disciplina de Deus sobre o povo vinha como resultado da desobediência deles (Neemias 1:8b).

Neemias: atributos de um intercessor

Além disso, o intercessor identifica-se com os pecados do povo. Neemias não ficou culpando o povo, mas identificou-se com ele. O intercessor não é um acusador, jamais aponta o dedo para os outros; antes, levanta as mãos para o céu em fervente oração.

Um intercessor também faz confissões específicas. Muitas confissões são genéricas e inespecíficas, sem convicção de pecado e sem quebrantamento. Neemias foi específico: "Temos procedido de todo corruptamente contra ti, não temos guardado os mandamentos, nem os estatutos, nem os juízos que ordenaste a Moisés, teu servo" (Neemias 1:7). Para que a oração tenha efeito, precisa ser acompanhada de confissão. Quem confessa seus pecados e os deixa alcança misericórdia (Provérbios 28:13).

Neemias compreendia que o arrependimento sempre redunda em restauração (Neemias 1:9). Deus é compassivo. Ele é o Deus de toda graça, aquele que restaura o caído e não rejeita o coração quebrantado. Neemias sabia que, se o povo se arrependesse, viria um tempo novo de restauração e refrigério. Esta é a confiança do intercessor: o conhecimento do caráter misericordioso de Deus. A misericórdia de Deus nos impulsiona a orar. Ele é o Deus de toda graça. Não rejeita o coração quebrantado. Não despede aqueles que chegam a ele com o coração contrito.

6. Neemias se apoiou nas promessas da Palavra de Deus para a confissão de pecados

A Palavra de Deus e a oração andam de mãos dadas. Um intercessor precisa conhecer a Palavra. É o combustível da Palavra que alimenta o ministério da intercessão. Neemias começou sua oração dizendo para Deus: "Lembra-te". A memória de Deus é infalível, pois Ele é onisciente, mas ama ser lembrado de suas promessas. Quem ora com base na Palavra ora segundo a vontade de Deus. As maiores orações da Bíblia foram fundamentadas nas promessas da Palavra de Deus. A oração eficaz é aquela que se baseia nas promessas de Deus.

Neemias compreendia que os pecados do povo não anulavam a aliança entre este e Deus (Neemias 1:10). Ele orou fundamentado na perseverança do amor de Deus pelo seu povo. Ainda que sejamos infiéis, Deus continua sendo fiel. Neemias fala de um lugar escolhido e de um povo escolhido. As nossas fraquezas não anulam a eleição da graça. Mesmo quando pecamos, não deixamos de ser o povo remido por Deus nem deixamos de ser servos de Deus. O povo da aliança é disciplinado, mas não rejeitado para sempre.

7. Neemias associava devoção e ação

Um intercessor ora e age. Neemias orou, jejuou, lamentou e chorou por 120 dias. Ele colocou sua causa diante de Deus, mas também a colocou diante do rei. A oração não é um substituto para o trabalho. Ela é o maior trabalho. Neemias ora e toma medidas práticas: vai ao rei, informa-o sobre a condição do seu povo, faz um pedido, solicita cartas, verifica o problema, mobiliza o povo e triunfa sobre dificuldades e oposição.

Um intercessor compreende que o coração do rei está nas mãos de Deus (Provérbios 21:1). Neemias compreende que o maior rei da terra está debaixo da autoridade e do poder do Rei dos reis. Neemias compreende que o mais poderoso monarca da terra é apenas um ser humano. Sabe que só Deus pode inclinar o coração do rei para atender ao seu pedido. Neemias compreende que a melhor maneira de influenciar os poderosos da terra é ter a ajuda do Deus todo-poderoso. Ele vai ao rei confiado no Rei dos reis. Ele conjuga oração e ação.

Pela oração de Neemias, um obstáculo aparentemente intransponível foi reduzido a proporções domináveis. O coração do rei se abriu, os muros foram levantados, e a cidade de Jerusalém, reconstruída. A oração abre os olhos a coisas antes não vistas. Nossas orações diárias diminuem nossas preocupações diárias.

Que Deus levante um exército de homens santos a levantar aos céus mãos santas, em fervente oração, em favor de seu povo. Precisamos de um reavivamento na igreja. Precisamos ver nossos irmãos se levantando no poder do Espírito Santo, para restaurar nossa nação. Nossos muros também estão quebrados, e nossas portas, queimadas a fogo. Que o Deus dos céus ouça o nosso clamor, e que os cristãos sejam desafiados, como o foi Neemias, a se colocar na brecha em favor da igreja, a fim de que esta geração que desponta conheça Deus e viva para o louvor da sua glória!

14

JOÃO BATISTA

Uma vida no poder do Espírito Santo

PERFIL DO ALUNO

Lucas 1:5-23,39-45; 3:1-14

João Batista é a dobradiça entre o Antigo e o Novo Testamento. Ele fecha o Antigo e abre o Novo. Depois de 400 anos de silêncio profético, a voz de Deus veio a João, no deserto da Judeia. Ele não era da elite sacerdotal; era filho dos idosos Zacarias e Isabel. João não pregava no templo, nas sinagogas, nas praças floridas de Jerusalém, mas no deserto árido da Judeia, um lugar de montes e vales, de pedras e areias escaldantes.

Nada na vida de João é acidental. Ele é anunciando desde o Antigo Testamento como aquele que prepararia o caminho do Senhor (Isaías 40:3) e que viria no espírito e no poder de Elias para converter o coração dos pais aos filhos e o coração dos filhos aos pais (Malaquias 4:5,6). Desde o ventre materno, João foi cheio do Espírito Santo. Sua história nos ensina lições importantes sobre como viver no poder do Espírito.

O QUE APRENDEMOS COM A VIDA DE JOÃO BATISTA

1. João Batista era cheio do Espírito

Ao anunciar o nascimento de João Batista, o anjo do Senhor disse a Zacarias que seu filho seria "cheio do Espírito Santo, já do ventre materno" (Lucas 1:15c). A plenitude do Espírito foi uma marca distintiva do precursor do Messias. João Batista foi escolhido por Deus e revestido com o Espírito Santo antes mesmo de nascer. Enquanto uns jamais experimentaram essa bênção ao longo da vida, João já se encontrava cheio do Espírito quando ainda estava sendo formado no útero de Isabel. Ele se alegrou em Cristo antes de ter nascido. Isabel, sua mãe, ao encontrar-se com

João Batista: uma vida no poder do Espírito Santo

Maria, que estava grávida de Jesus, testemunha: "Pois, logo que me chegou aos ouvidos a voz da tua saudação, a criança estremeceu de alegria dentro em mim" (Lucas 1:44).

João viveu na força do Espírito, apontou para Jesus como o Cordeiro de Deus e o exaltou. Não viveu na força da carne, mas na unção e no poder do Espírito. O poder que tinha para viver e pregar não procedia da terra, mas emanava do céu. Sua força não procedia do braço humano, mas do poder do Altíssimo.

Hoje precisamos desesperadamente de homens e mulheres cheios do Espírito, de crentes que dependam mais do poder de Deus do que das habilidades humanas. Nenhuma sabedoria humana poderia produzir os resultados estupendos que João Batista experimentou em seu ministério. O conhecimento, a técnica e a performance humanas jamais fariam correr grandes multidões ao deserto para ouvi-lo. Nenhum recurso de oratória produziria o quebrantamento de corações tão endurecidos. Nada pode explicar o sucesso do ministério de um pregador como João Batista, senão o poder do Espírito Santo. O poder que transforma vidas não vem de dentro, mas do alto; não vem do indivíduo, mas de Deus; não vem da terra, mas do céu; não vem apenas da sabedoria humana, mas do Espírito Santo.

2. João Batista se fortaleceu no Espírito

João Batista nasceu e cresceu no poder do Espírito: "O menino crescia e se fortalecia em espírito. E viveu nos desertos até ao dia em que havia de manifestar-se a Israel" (Lucas 1:80). Ele foi criado por seus pais de acordo com as orientações que Zacarias recebera do anjo: "Ele será grande diante do Senhor, não beberá vinho nem bebida forte" (Lucas 1:15). Isso indica que João Batista seria nazireu: alguém consagrado a Deus com um propósito especial e para uma missão especial. O nazireu não podia fazer três coisas: tocar cadáver, beber vinho e cortar o cabelo (Números 6:1-8). Zacarias e Isabel cumpriram fielmente a missão de criar João Batista como um menino dedicado a Deus. O menino cresceu bebendo o leite da piedade. Compreendeu desde a infância qual era seu chamado e a natureza de seu ministério. Jamais se apartou do propósito para o qual veio ao mundo.

A plenitude do Espírito Santo não é uma opção, mas uma ordem divina: "E não vos embriagueis com vinho, no qual há dissolução, mas enchei-vos do Espírito" (Efésios 5:18). Há aqui duas ordens. A primeira é negativa: não se embriagar. A segunda, positiva: encher-se do Espírito. Como nazireu, João Batista não bebeu vinho nem bebida forte; como cristãos, não devemos nos embriagar. A embriaguez produz vergonha e dissolução; a plenitude do Espírito desemboca em adoração a Deus, comunhão com os irmãos, gratidão e submissão. Quem está cheio de vinho está vazio do Espírito. O ministério não é feito nos eflúvios do vinho, mas no poder do Espírito Santo.

3. João Batista pregava pelo poder do Espírito

Quando chegou a hora, diz a Bíblia que: "veio a palavra de Deus a João" (Lucas 3:2b). Essa é a mesma expressão usada para os profetas do Antigo Testamento. Quando a palavra de Deus veio a João Batista, ele a pregou com fidelidade, com poder e na unção do Espírito. As multidões eram golpeadas pela espada do Espírito. Os corações mais endurecidos eram quebrantados pelo martelo da palavra. Os corações mais carentes eram consolados pela ministração. Até mesmo os que eram avessos à prática religiosa, como os publicanos e os soldados, eram confrontados pela pregação de João e alcançados para Deus.

Precisamos desesperadamente de homens e mulheres que preguem cheios do Espírito Santo. Infelizmente, vivemos hoje no reinado do pragmatismo. Buscamos resultados imediatos. Adoramos nossos próprios recursos e técnicas. Criamos mecanismos sofisticados para atrair as pessoas. Damos a elas o que querem, mas não o que precisam. Fazemos cócegas em seus ouvidos em vez de feri-los com a verdade. Preferimos seus aplausos a seu arrependimento. Estamos cheios de nós mesmos e vazios de Deus. Nenhuma técnica humana substitui o poder do Espírito Santo. Nenhum método, por mais refinado, pode tocar corações. Só o Espírito Santo pode "convencer o mundo do pecado, da justiça e do juízo" (João 16:8).

4. João Batista colhia os frutos de um ministério direcionado pelo Espírito

Os resultados estupendos que João Batista experimentou em sua pregação só podem ser explicados pela plenitude do Espírito Santo. Ele viveu em tempo de crise política, social, moral e espiritual em que as autoridades políticas e religiosas estavam entregues à ganância e à corrupção moral. É nesse deserto de hostilidades que floresce o maior homem dentre os nascidos de mulher, o pregador que arrasta as multidões das cidades para o deserto a fim de lhes falar ao coração.

João Batista foi um pregador incansável, pois "percorreu toda a circunvizinhança do Jordão, pregando batismo de arrependimento para remissão de pecados" (Lucas 3:3). Em seu percurso, as multidões vinham a ele para ouvir a palavra e receberem o batismo de arrependimento de pecados (Marcos 1:5). Quando João pregava, o coração dos homens se derretia. Ele não pregava para entreter nem para agradar. Sua mensagem era de arrependimento. Ele pregava sobre o juízo de Deus e a necessidade de fugir da ira vindoura (Lucas 3:7-9). Suas credenciais não eram conquistas humanas, mas dádivas divinas. Muitas pessoas estão cheias de conhecimento, mas vazias de poder. Outras estão cheias de vaidade e soberba, mas desprovidas da graça. Existe gente cheia de ganância e avareza, mas vazia de misericórdia. Há ainda aquelas que estão cheias de impureza e luxúria e vazios de santidade. João colhia frutos porque sua vida e ministério eram cheios do poder do Espírito Santo.

5. João Batista carregava a marca de uma vida cheia do Espírito

Qual é a maior evidência de uma pessoa cheia do Espírito Santo? Uma vida cristocêntrica! O Espírito veio ao mundo para exaltar Jesus. Seu ministério é o mesmo do holofote, que lança luz não sobre si mesmo. De igual modo, João dá testemunho de Jesus. Ele não chamou a atenção para si, mas apontou para Jesus como o Cordeiro de Deus que tira o pecado do mundo (João 1:29).

Precisamos estremecer de alegria na presença de Deus e apontar para Jesus como o único que pode nos reconciliar com Deus! Precisamos ser cristãos que não pregam a si mesmos nem mercadejam a palavra, mas que se alegram em Jesus e o anunciam como o sacrifício perfeito que expiou de uma vez por todas os nossos pecados.

6. João Batista apontou para Jesus como o doador do Espírito

O âmago da mensagem de João era Jesus. Ele veio para mostrar que Jesus era a luz verdadeira. Exaltou a pessoa de Cristo. Apontou para Jesus como o único que pode salvar e para o Espírito Santo como aquele que transforma o pecador.

João Batista reconheceu que o batismo de Jesus era mais importante que o seu: "Eu vos tenho batizado com água; ele, porém, vos batizará com o Espírito Santo" (Marcos 1:8). João Batista não era daqueles pregadores que pensam que podem distribuir os dons do Espírito. Ele sabia que era apenas um servo, um instrumento, um canal, e não a fonte da graça. Seu batismo era transitório; um batismo com água para o arrependimento. O batismo ministrado por Jesus, porém, era e ainda é necessário para a salvação, por isso, é permanente. O batismo com água é apenas um símbolo do batismo com o Espírito Santo. Um é sombra; o outro, realidade. Um símbolo é importante, mas não é a coisa simbolizada. Nenhum ser humano tem competência para batizar alguém com o Espírito Santo. Essa função só Jesus pode realizar.

15

MARIA

O caráter que encontra graça diante de Deus

PERFIL DA ALUNA

Lucas 1:26-56

Maria, mãe de Jesus, é uma das pessoas mais destacadas da história. Há muitos que, infelizmente, não dão a ela a honra que lhe é devida como mulher humilde, corajosa e obediente. Outros, no afã de honrá-la, descambam para a idolatria, ao colocá-la num pedestal de glória.

Maria jamais recebeu ou reivindicou qualquer veneração. Ela nunca pretendeu ser mais que a jovem pobre da pequena e mal falada Nazaré. Ter sido escolhida por Deus para gerar o Verbo Encarnado não alterou a piedade do seu coração. Suas ações demonstram humildade e confiança na palavra de Deus, não em seus próprios recursos.

A melhor maneira de honrarmos essa mulher de Deus é seguindo suas pegadas e imitando sua fé. Maria foi, de fato, uma pessoa exemplar para todas as gerações por sua pronta disposição de obedecer a Deus, mesmo sabendo dos desafios e riscos que enfrentaria. A vida desse mulher nos ensina como a humildade precede a honra e encontra graça da parte de Deus.

O QUE APRENDEMOS COM A VIDA DE MARIA

1. Maria recebeu sua missão com humildade

Seis meses depois de anunciar o nascimento de João Batista, o precursor do Messias, o anjo Gabriel, vai a Nazaré anunciar à Maria que ela será a mãe de Jesus, o Salvador. Tanto João como Jesus nasceram de forma miraculosa, pois Isabel era idosa demais para conceber, enquanto Maria era virgem e não havia se casado. Parece que o anjo chegou atrasado à casa de Isabel e adiantado à casa de Maria. Mas, na verdade, ele chegou no tempo certo, rigorosamente dentro da agenda estabelecida por Deus.

Maria: o caráter que encontra graça diante de Deus

O anjo diz à Maria que o filho que ela conceberá será grande e será chamado Filho do Altíssimo. Ele herdará o trono de Davi e reinará para sempre. Gabriel ainda explica que a concepção seria obra do Espírito Santo. Por fim, encoraja Maria, informando-a de que Isabel, sua parenta, também havia concebido milagrosamente, pois "para Deus não haverá impossíveis em todas as suas promessas" (Lucas 1:37).

Maria recebeu as palavras do anjo com humildade: "Aqui está a serva do Senhor; que se cumpra em mim conforme a tua palavra" (Lucas 1:38). Maria se submete prontamente à vontade de Deus. Ela não exige explicações detalhadas. Não pergunta ao anjo do que terá de abrir mão para se tornar mãe do Salvador. Não pede garantias. Ela se dispõe, como é de se esperar de uma verdadeira serva.

A humildade é o portal da honra, a antessala da vitória, o caminho da bem-aventurança. Os humildes não estadeiam suas pretensas virtudes, mas buscam a graça de Deus e dele recebem graça. Eles também colhem o que plantam e recebem o que desejam. Eles dão a glória devida a Deus. Os humildes são aqueles que se prostram diante de Deus, reconhecendo sua pequenez e nada reivindicando para si mesmos. A Bíblia é categórica em dizer que Deus humilha os soberbos, mas exalta os humildes. O reino de Deus pertence não aos soberbos, mas aos humildes de espírito.

2. Maria creu e foi considerada bem-aventurada

Depois de receber a notícia por parte do anjo, Maria viaja à casa de Isabel, que vivia numa região montanhosa. Isabel já estava no sexto mês de gravidez; Maria, em suas primeiras semanas. Quando Maria chegou e saudou sua prima, João Batista estremeceu de alegria no ventre de Isabel, que, possuída pelo Espírito Santo, exclama em alta voz: "Bendita és tu entre as mulheres, e bendito é o fruto do teu ventre!" (Lucas 1:42). Isabel diz ainda que Maria é uma mulher bem-aventurada por ter crido nas palavras que lhe foram ditas da parte do Senhor.

Ser bem-aventurado significa ser feliz, muito feliz. É a mesma palavra que Jesus usa no sermão do monte para falar das marcas dos súditos do reino de Deus. A felicidade é a marca registrada dos filhos de Deus. Possuímos uma alegria indizível e cheia de glória. A bem-aventurança também flui de um relacionamento certo com Deus.

Quando Jesus já era adulto, uma mulher, em meio à multidão que ouvia suas palavras, exclamou: "Bem-aventurada aquela que te concebeu, e os seios que te amamentaram" (Lucas 11:27). Jesus respondeu à mulher: "Antes, bem-aventurados são os que ouvem a palavra de Deus e a guardam" (v. 28). Maria foi duplamente bem-aventurada. Em primeiro lugar, como apontou a mulher da multidão, Maria foi bem-aventurada porque Deus a escolheu para carregar no ventre o seu bendito Filho e amamentar o Criador do universo, como uma demonstração de sua graça.

Em segundo lugar, como apontou Jesus, Maria foi bem-aventurada porque creu na palavra do anjo a seu respeito. Quando Zacarias recebeu um anúncio semelhante do mesmo anjo, ele não creu. Como consequência, ficou mudo até o nascimento de seu filho (Lucas 1:20). Maria creu e, como consequência, foi considerada bendita entre todas as mulheres.

3. Maria reconheceu a graça de Deus

Ao ser saudada pelo anjo e por Isabel, Maria ouviu palavras muito positivas a seu respeito. O anjo a chama de "favorecida" e diz que ela "achou graça diante de Deus" (Lucas 1:28,30). Isabel a chama "bem-aventurada" e "bendita". Nada disso, porém, envaidece Maria. Ela se apresenta ao Senhor como "serva". No seu cântico, reforça sua posição de fraqueza, dizendo que Deus a contemplou "na humildade de sua serva", e que "exaltou os humildes" e "encheu de bens os famintos" (Lucas 1:48,52,53). Maria engrandece

Deus estando bem ciente de sua posição indigna. Ela sabe que não há nada em si mesma que tenha atraído o favor de Deus. Apesar de ser uma moça piedosa, tudo o que recebe do Senhor é graça.

A graça de Deus é um favor estendido não a quem merece, mas a quem dela precisa. A genealogia de Jesus é uma evidência da graça. Maria foi escolhida para gerar o Filho de Deus não pela nobreza de seu nascimento, mas pela excelsa graça do Senhor. Somos fracos, vulneráveis e totalmente dependentes de Deus. Não deve haver espaço para a soberba em nosso coração. Não deve haver lugar para a altivez em nossa vida.

4. Maria alegrou-se em Deus

Maria jamais reivindicou qualquer glória para si. Antes, rendeu toda glória a Deus, seu Salvador. Em seu cântico, Maria proclama que Deus está no controle da história e o engrandece por seus atributos e suas obras.

Três verdades são destacadas no cântico de Maria. Primeira, a soberania de Deus age e intervém no curso da história. Para Maria, Deus é poderoso, santo, misericordioso, justo e fiel. O fato de Deus escolher uma pobre jovem, desposada com um carpinteiro da pobre Nazaré, é uma prova de que o Senhor é livre e soberano para agir. Deus não envia seu anjo aos nobres de Jerusalém, mas a uma pobre jovem em Nazaré.

Segunda, o projeto de Deus invade a História e inverte completamente os valores do mundo. Deus entra na História não pelos palácios. Ele não pede que o poder judiciário lhe dê cobertura. Simplesmente entra na História e faz as mais profundas inversões, deixando todo mundo com gosto de surpresa e espanto na boca. Ele traz uma verdadeira revolução política, econômica, social e espiritual.

Terceira, Maria demonstra sua profunda necessidade de Deus. Ela reconhece sua necessidade de salvação e chama Deus de "Senhor" e "meu Salvador". Maria diz que o sentido da vida é exaltar e glorificar a Deus e se alegrar nele, pois Ele fez grandes coisas!

5. Maria encarou os riscos com coragem

Maria fica na casa da prima Isabel até o nascimento de João. Quando retorna para sua casa, em Nazaré, já estava grávida de pelo menos três meses. Maria enfrentaria sérios riscos ao aparecer grávida em sua cidade natal. Seu casamento com José não havia sido oficializado. Se estivesse grávida do noivo, isso poderia gerar discriminação. Mas se o bebê não fosse de José, Maria corria o risco de ser apedrejada por adultério. Além disso, sua situação não era fácil de ser compreendida. Quem acreditaria na história de Maria e nas palavras do anjo Gabriel? O próprio José não acreditou. Foi necessário que um anjo confirmasse a ele o que Maria havia lhe contado (Mateus 1:20-23).

Apesar de todas as perspectivas desfavoráveis, Maria não teme. Ela se dispõe a enfrentar preconceito e ameaça. Ela se dispõe a enfrentar o risco de aparecer grávida, a fim de sujeitar-se ao propósito de Deus. Sua consciência está tranquila, pois sabia que o que nela estava sendo gerado era do Espírito Santo.

Já no fim de sua gravidez, Maria acompanha José numa longa e perigosa viagem até Belém, do outro lado do país. A viagem certamente deve ter sido desconfortável para uma mulher prestes a dar à luz. Além disso, ter seu primeiro filho longe de casa e dos familiares certamente poderia assustar uma jovem mãe de primeira viagem. Mas Maria, novamente, não teme. Do começo ao fim, creu na palavra do anjo: "Maria, não temas; porque achaste graça diante de Deus" (Lucas 1:30).

A coragem de Maria não decorria da autoconfiança, mas da fé no Deus vivo. Porque Deus está conosco, podemos ser alimentados pela coragem, e não pelo medo. Porque Deus nos conduz em triunfo, podemos avançar com desassombro, a despeito dos riscos que se interpõem em nosso caminho.

16

MULHER DE SAMARIA
O caminho da aceitação

PERFIL DA ALUNA

João 4:1-42

A mulher samaritana tinha tudo para ser rejeitada e ignorada. Havia nascido num povo que era inimigo histórico de Israel. Era mulher numa sociedade onde mulheres não possuíam o mesmo valor que homens. Tinha um passado amoroso complicado e vivia com um homem que não era seu marido. Seguia um ritual religioso baseado em mentiras e superstições.

O evangelista João, porém, diz que Jesus saiu da Judeia "e era-lhe necessário atravessar a província de Samaria"

(João 4:4). Era-lhe imperativo atravessar aquela região porque seu encontro com a mulher samaritana foi uma agenda traçada no céu, que mudaria a história da mulher e a história de seu povo.

A passagem de Jesus por Samaria nos mostra que Deus, de fato, não faz acepção de pessoas. Deus se recusa a desprezar as pessoas que não prezamos. Ele ama a todos sem distinção de raça ou cultura. Ele comprou com o sangue de seu Filho aqueles que procedem de toda tribo, língua, povo e nação. A partir da mulher samaritana, podemos aprender que não há pré-requisitos para ser aceito por Deus.

O QUE APRENDEMOS COM A VIDA DA MULHER DE SAMARIA

1. Ela é aceita apesar de sua origem

O povo samaritano era resultado da mistura de várias etnias. Também era considerado inimigo dos judeus. Havia até mesmo um templo rival ao templo de Jerusalém em Gerizim, um monte na província de Samaria. Aquela região era um lugar de conflitos desde o cativeiro do Reino do Norte em 722 a.C. Quando os judeus retornaram da Babilônia,

Mulher de Samaria: o caminho da aceitação

os samaritanos foram seus maiores opositores no projeto da reconstrução de Jerusalém.

Jesus estava saindo da Judeia rumo à Galileia. Havia três opções de rota para esse percurso. Porém o texto informa que Jesus escolheu propositadamente passar por Samaria. Embora fosse o trajeto mais curto, era o mais árduo, uma vez que os judeus não eram bem recebidos na província de Samaria. Mas o que motiva Jesus não é a economia do tempo. A razão imperativa para a escolha dessa rota era o encontro com a mulher samaritana, no poço de Jacó, e por consequência a pregação do evangelho em Sicar.

Jesus sabia que corações samaritanos eram, antes de tudo, corações humanos. Qualquer coração humano está perdido sem Cristo. Isso é verdadeiro desde o ateu até o religioso mais extremado, do doutor ao analfabeto, do habitante das grandes metrópoles ao homem do campo, do judeu ao samaritano. O passado de uma pessoa ou de um povo não é decisivo para Deus demonstrar sua salvação. Ele não faz acepção de pessoas. Não privilegia uns por causa de sua riqueza nem rejeita outros por causa de sua pobreza. Deus é misericordioso. Ele nos valoriza não por nossos méritos, mas apesar dos nossos deméritos. A causa do seu amor não está em nós, mas nele mesmo. Ele nos amou quando éramos fracos, ímpios, pecadores e inimigos.

Todas as pessoas carecem da glória de Deus e devem ouvir a mensagem do evangelho.

2. Ela é aceita apesar de seu passado complicado

Ao meio-dia, já com fome, Jesus enviou seus discípulos para comprar comida na cidade de Sicar. Ao fazer isso, Jesus quebra protocolos culturais e rompe com o preconceito religioso, pois um judeu considerava o pão dos samaritanos um pão imundo.

Não bastasse esse gesto, Jesus ficou sozinho junto ao poço, do qual se aproximou a mulher samaritana. Ele pediu a ela que lhe desse água. Um rabino não podia falar com uma mulher em público. Essa postura de Jesus chocou até mesmo seus discípulos. Jesus quebra aqui os preconceitos de gênero, raça e cultura. Ele entabula uma conversa com a mulher, com o propósito de ter acesso ao seu coração, a fim de dar a ela a vida eterna. Jesus ganhou a simpatia da samaritana. Ela buscava um sentido para a vida nos muitos relacionamentos amorosos. Já estava no sexto relacionamento conjugal. Havia tido cinco maridos e, no momento, vivia com um homem que não era seu marido legítimo. Sua reputação era a pior possível. As pessoas a consideravam um risco à sociedade e a

Mulher de Samaria: o caminho da aceitação

desprezavam. Daí a razão de ela ir ao poço sozinha, num horário absolutamente desfavorável. As pessoas fugiam dela.

Jesus não evitou o contato com essa mulher segregada e alijada. Longe de escorraçá-la do Reino por causa dos seus pecados, Jesus despertou nela a consciência da sua sede espiritual e lhe ofereceu a água da vida. Jesus falou sobre rios de água viva e não sobre tanques de água morta. E quando fala sobre o tipo de água que ele poderia lhe dar, ela argumenta que o poço era profundo e ele não tinha com que tirar a água. A palavra usada pela mulher para falar do poço significa "lugar de águas paradas". A palavra era um retrato da sua vida estagnada, lodacenta, suja pelo pecado. Entretanto, Jesus diz que a água que Ele tinha para lhe oferecer não apenas mataria a sede, mas se tornaria uma fonte a jorrar para a vida eterna. Jesus fala sobre fonte de águas correntes. Com isso, está dizendo que aquele que nele crê tem uma vida pura, limpa, dinâmica.

A igreja precisa encarnar a misericórdia de Jesus. Quando as pessoas chegam ao fundo do poço, precisam de esperança, não de condenação. Jesus não fechou a porta do Reino para a samaritana, ao contrário, deu-lhe a água da vida e fez dela uma embaixadora das boas-novas de salvação.

3. Ela é aceita apesar de sua herança religiosa

À medida que a conversa avança, os olhos da mulher vão sendo abertos. A princípio, ela viu Jesus apenas como um judeu. Depois, percebeu que estava diante de um profeta. Nesse ponto, ela traz à tona a questão do local correto de oferecer culto a Deus: Gerizim ou Jerusalém?

Jesus revela, em primeiro lugar, que os samaritanos adoravam o que não conheciam. Havia uma liturgia desprovida de entendimento. Havia um ritual vazio de compreensão. Os samaritanos adoravam, mas não conheciam o Messias. Cristo não era o centro do culto deles. Nossa adoração será vazia se Cristo não for o seu centro. Em segundo lugar, Jesus diz à mulher que tampouco Jerusalém era o local onde deveriam fazer peregrinações para adorar. Em Jerusalém Jesus também não achou "adoradores verdadeiros". Ali haviam transformado a casa de seu Pai numa casa de comércio.

Jesus respondeu que não é onde, mas como e a quem adorar. Não é o lugar que autentica a adoração, mas a atitude do adorador. A adoração não está centrada em lugares sagrados. Não é neste monte nem naquele. Não existe lugar mais sagrado que outro. A verdadeira adoração a Deus é em espírito e em verdade. É de todo o coração e também prescrita pela Palavra de Deus. A adoração falsa é abominação para Deus e a adoração hipócrita enfrenta o desgosto de Deus. Os verdadeiros adoradores não podem ser identificados por sua ligação a um santuário particular. Os verdadeiros adoradores são aqueles que adoram o Pai em espírito e em verdade. A mulher poderia ser uma verdadeira adoradora, tão somente adorasse o que conhecia.

4. Ela é aceita e transformada em missionária

"Eu sei, respondeu a mulher, que há de vir o Messias, chamado Cristo; quando ele vier, nos anunciará todas as coisas" (João 4:25). A mulher esperava a vinda de um messias que traria a revelação de Deus. Ela só não imaginava estar falando com o Messias naquele momento. Quando Jesus lhe revelou sua identidade, ela abandonou seu cântaro e correu à cidade para proclamar quem havia encontrado.

A cidade foi impactada com a palavra daquela mulher. Seu testemunho foi eloquente por dois motivos. Primeiro, porque conclamou as pessoas não apenas a ouvir o que ela estava dizendo, mas a ver o Jesus que ela estava proclamando. Ela pregou aos ouvidos e também aos olhos. Falou e demonstrou. Segundo, porque ela fez uma confissão sincera de seus pecados. A cidade inteira devia conhecer sua história de cinco casamentos e como ela vivia agora com um homem que não era seu marido. Ela admitiu publicamente o que lutava para manter em secreto. Sua confissão sincera foi evidência de sua conversão genuína. Jesus descortinou o seu passado, trouxe significado ao seu presente e satisfação eterna ao seu futuro. Jesus salvou-a, perdoou-a e a transformou numa missionária.

Possivelmente, quando os samaritanos se aproximaram, depois do testemunho da mulher, rogando a Jesus que permanecesse com eles, Jesus disse aos discípulos para erguerem os olhos, a fim de verem os campos maduros, prontos para serem ceifados. Aqueles corações eram como um campo branco para a ceifa, e o tempo da colheita havia chegado.

Ao nosso redor, há uma multidão que vem, que vai e que passa. Precisamos ter a visão de que as oportunidades não aproveitadas hoje podem se tornar portas fechadas amanhã. Precisamos ter a visão de que, na mesma medida em que a igreja patina no cumprimento de sua missão, cresce vertiginosamente um evangelho que distorce a verdade e sonega ao povo o pão da vida. Precisamos ter a visão de que a igreja é a única agência competente para anunciar quem é o Messias.

17

HOMEM DE GADARA
O valor de uma vida

> **PERFIL DO ALUNO**

Marcos 5:1-20; Lucas 8:26-34

Era noite. Jesus e seus discípulos chegam a um lugar deserto, íngreme, cheio de cavernas, depois de uma tempestade em alto-mar. O lugar em si já metia medo nos mais corajosos. Desse local sombrio, perto de um cemitério em que corpos apodreciam, sai um louco. Era um homem possesso, que andava nu e se feria com pedras. Um pária, um aborto vivo, uma escória da sociedade.

Foi para encontrar esse homem que Jesus se deslocou à terra gentílica de Gadara. Jesus fez um alto investimento na vida do gadareno. Ele empreendeu uma viagem depois de um dia exaustivo de trabalho. Enfrentou uma tempestade enquanto cruzava o mar em direção a Gadara. Encarou a fúria dos demônios que habitavam o corpo e destruíam a vida do gadareno. Todos já haviam desistido dele, menos Jesus.

Quanto vale uma vida para Jesus? A partir da vida do homem de Gadara, podemos aprender lições importantes sobre a expressão do infinito amor de Jesus.

O QUE APRENDEMOS COM A VIDA DO HOMEM DE GADARA

1. Ele recebeu cura mental e física

O gadareno estava possuído por espíritos imundos. Havia uma legião de demônios dentro dele. A possessão demoníaca não é um mito, mas uma triste realidade. A possessão não é apenas uma doença mental ou epilepsia. Ainda hoje milhares de pessoas vivem no cabresto de Satanás. Quando ainda era uma presa de Satanás, o gadareno viva mentalmente perturbado. Andava sem parar, noite e dia, gritando por entre os sepulcros. Não havia descanso para sua mente nem para seu corpo. Além da perturbação mental, ele se golpeava com pedras. Vivia ensanguentado, correndo pelos montes escarpados, esgueirando-se como um espectro de horror no meio de cavernas e sepulcros. Seu corpo emaciado refletia o estado deprimente a que um ser humano pode chegar quando está sob o domínio de Satanás.

Ao ser liberto por Jesus, o gadareno é encontrado, posteriormente, em perfeito juízo (Marcos 5:15). Jesus lhe restituiu a sanidade mental. A diferença entre sanidade e santidade é apenas uma letra, a letra T, um símbolo da cruz de Cristo. Aonde Jesus chega, Ele restaura a mente, o corpo, a alma. O gadareno não é mais violento. Não oferece mais nenhum perigo à família nem à sociedade

Hoje há muitas pessoas atormentadas, inquietas e desassossegadas, vivendo nas regiões sombrias da morte, sem família, sem liberdade, sem dignidade, sem amor-próprio, ferindo-se a si mesmas e espalhando terror aos outros. Não há o que possa transformar um ser humano senão o poder de Jesus. Só Ele cura, só Ele restaura, só Ele salva. Ele continua transformando monstros em seres humanos santos; escravos de Satanás em pessoas livres; abjetos da sociedade em vasos de honra.

2. Ele recuperou sua dignidade

Satanás roubou tudo que o gadareno tinha de precioso. Para ele, restou somente um poder de destruição descomunal, que transformou sua vida num verdadeiro inferno. O texto bíblico nos diz que havia dentro dele uma legião de demônios (Marcos 5:9). Legião era uma corporação de 6 mil soldados romanos. Nada infundia tanto medo e terror como uma legião romana. Como uma legião em guerra, o homem de Gadara espalhava destruição. Ele não tinha controle de si mesmo. Suas palavras e atitudes eram determinadas pelos espíritos imundos que habitavam seu corpo. Ele era um aparelho, um cavalo dos demônios, um joguete nas mãos de espíritos ladrões e assassinos. Uma pessoa possessa perde o amor-próprio. O gadareno andava nu e se feria com pedras. Havia muito tempo que não se vestia (Lucas 8:27). Em vez de se proteger, feria a si mesmo. Ele era o seu próprio inimigo. Tinha perdido o respeito próprio e o respeito pelos outros. Estava à margem não só da lei, mas também da decência. O ser maligno que estava dentro dele o empurrou para as cavernas da morte. A legião de demônios que estava nele lhe tirou o pudor e queria destruí-lo e matá-lo.

Depois de ser liberto por Jesus, o texto destaca que o gadareno estava vestido (Marcos 5:15). Agora que Jesus o transformara, o primeiro expediente é vestir-se, é cuidar do corpo, é apresentar-se com dignidade. A prova da conversão é a mudança. A conversão sempre toca nos pontos nevrálgicos. Jesus se manifestou para destruir as obras do Diabo (1João 3:8).

3. Ele se achegou a Jesus

Gadara era uma terra gentílica, onde as pessoas lidavam com animais imundos. Alguns estudiosos entendem que a tempestade que Jesus enfrentara para chegar a Gadara fora provocada por Satanás, visto que Jesus empregou a mesma palavra para repreender o vento e o mar e para repreender os espíritos imundos. Seria uma tentativa desesperada de Satanás de impedir Jesus de chegar a esse território pagão, onde ele mantinha tantas pessoas sob as suas garras assassinas.

O espírito que estava no gadareno era um espírito imundo. Por isso, levou-o para um lugar impuro, o cemitério, para viver no meio dos sepulcros. Sua impureza era tríplice, dentro dos termos judaicos: habitava uma terra de pagãos, vivia entre os túmulos e, por fim, era possuído por demônios. O efeito era uma separação de Deus sem esperança.

Ao ser liberto, o gadareno assentou-se aos pés de Jesus (Marcos 5:15; Lucas 8:35). Aquele que vivia perturbado, correndo de dia e de noite, sem descanso para a mente e para o corpo, agora está quieto, sereno, assentado aos pés do Salvador. Jesus acalmou o vendaval do mar e também o homem atormentado. Cristo é o atormentador dos demônios e o libertador dos homens. Aonde Ele chega, os demônios tremem, e os cativos são libertos. Satanás tentou matar Jesus na tempestade e agora tenta impedi-lo de entrar em Gadara. Ele está usando todas as suas armas para parar Jesus a qualquer custo. Mas em vez de intimidar-se com a legião de demônios, Jesus é quem espalha terror entre o exército demoníaco. Diante dele todo joelho precisa se dobrar; até os demônios estão debaixo da autoridade de Jesus. Mediante a autoridade da palavra de Jesus, a legião de demônios bateu em retirada, e o homem escravizado ficou livre.

4. Ele foi valorizado por Jesus quando a sociedade o desprezou

A sociedade de Gadara havia afastado o homem do convívio social, acorrentando-o (Marcos 5:3,4). Quando expulsou os demônios do gadareno, Jesus permitiu que eles entrassem numa manada de 2 mil porcos, que se precipitou despenhadeiro abaixo, para dentro do mar, onde se afogou (Marcos 5:13).

Ao saberem o que havia acontecido, os moradores da cidade pediram a Jesus para que deixasse Gadara. Aquela sociedade deu mais valor aos porcos do que ao homem. Ela não apenas rejeitou o gadareno na sua desventura, mas também não valorizou a sua cura nem a sua salvação. Eles expulsaram Jesus da sua terra porque amavam mais os porcos do que a Deus e ao próximo. Para eles, como para Satanás, um porco tinha o mesmo valor de uma pessoa ou até mais. O dinheiro era o seu deus. William Barclay diz que os gadarenos, ao expulsarem Jesus, estavam dizendo: "Não perturbe nossa comodidade, preferimos que deixe as coisas como estão; não perturbe nossos bens; não perturbe nossa religião".

Jesus não os constrangeu nem forçou sua permanência na terra deles. Sem qualquer questionamento ou palavra, entrou no barco e deixou a terra de Gadara. Os gadarenos rejeitaram Jesus, mas Jesus não desistiu deles. Eles expulsaram Jesus, mas Jesus enviou para o meio deles um missionário.

6. Ele recebeu uma gloriosa missão

Jesus enviou o gadareno como missionário para ser testemunha na sua terra. Antes, ele espalhava medo e pavor; agora, anunciará as boas-novas de salvação. Antes, era um problema para a família; agora, é uma bênção. Antes, era um mensageiro de morte, agora, é um embaixador da vida.

O homem liberto, curado e salvo quer, por gratidão, seguir a Jesus, mas o Senhor não o permite. O mesmo Jesus que atendeu à petição dos demônios e dos incrédulos agora rejeita a petição do salvo. Por quê? Porque a família precisa ser o nosso primeiro campo missionário. Jesus revela a ele que o testemunho precisa começar em casa. A família dele sabia como ninguém o que havia acontecido e agora poderia testificar sua profunda mudança. Nosso primeiro campo missionário deve ser o nosso lar. Sua família precisa ver a transformação que Deus operou em sua vida. O que Deus fez por nós precisa ser contado aos outros.

O homem de Gadara se tornou uma luz ainda mais brilhante. Ele pregou não só para sua família, mas também para toda a região de Decápolis. O gadareno anuncia não apenas uma mensagem teórica, mas o que Jesus fez por ele, a sua própria experiência. Ele é um retrato vivo do poder do evangelho, um verdadeiro monumento da graça.

18

MULHER DE TIRO E SIDOM
O poder da intercessão pelos filhos

PERFIL DA ALUNA

Mateus 15:21-28; Marcos 7:24-30

A Bíblia fala de uma mãe que se apresentou a Jesus para clamar em favor da sua filha. Ela era gentia, estrangeira. Vivia na região de Tiro e Sidom, cidades da Fenícia, dentro da Síria. A cidade de Tiro era um sinônimo de paganismo. Os judeus consideravam os habitantes de Tiro como cães impuros.

A filha estava possessa por um espírito maligno, padecendo nas mãos iníquas dos demônios. Aquela mãe estava desesperada. No auge da sua angústia, ela vai a Jesus e intercede por sua filha. Ela encontrou vários obstáculos, mas perseverou. O caminho da oração, embora glorioso, não é fácil de ser percorrido. Muitos que se propuseram a ter uma vida fervorosa e intensa de oração desistiram no meio do caminho. Essa mulher siro-fenícia, no entanto, ensina que quem persevera em oração pelos filhos sairá vitorioso.

O QUE APRENDEMOS COM A VIDA DA MULHER DE TIRO

1. A mulher tem discernimento sobre o que está acontecendo com seus filhos

Essa mãe sabia quem era o inimigo de sua filha. Ela sabia que o problema de sua filha era espiritual. Ela tem consciência que existe um inimigo real que está conspirando contra sua família para destruí-la. A mulher siro-fenícia tem plena consciência de que sua filha está cativa de um poder espiritual maligno. Ela vê o sofrimento de sua filha. E sabe a natureza dele.

Essa mãe percebeu que o problema da filha não era apenas uma questão conjuntural. Não era simplesmente a questão de estudar numa escola melhor, morar num bairro mais seguro ou ter mais conforto. Ela já tinha buscado

Mulher de Tiro e Sidom: o poder da intercessão pelos filhos

ajuda em todas as outras fontes e sabia que só Jesus podia libertar sua filha. Por isso, essa mãe vai a Jesus. Ela o busca. Ela discerne que pode clamar em favor da filha.

A necessidade nos faz orar por nós mesmos, mas o amor nos faz orar pelos outros. Essa mãe viu a terrível condição da sua filha, viu o poder de Jesus para libertá-la e clamou com intensidade e perseverança. Ela percebeu que nenhum ensino podia alcançar sua mente e nenhuma medicina podia sarar seu corpo. Ela orou por quem não podia orar por si mesma e não descansou até ter sua oração respondida. Pela oração, ela obtive a cura que nenhum recurso humano poderia dar. Pela oração da mãe, a filha foi curada. Aquela menina não falou uma palavra sequer para o Senhor, mas sua mãe falou em seu favor, e ela foi liberta.

Aquela mulher não podia dar à sua filha um novo coração, mas podia interceder junto àquele que podia fazer esse milagre. Não podemos dar aos nossos filhos a vida eterna, mas podemos orar por eles para que se convertam. Mesmo quando não pudermos mais falar de Deus para nossos filhos, podemos falar dos nossos filhos para Deus!

2. A mulher transforma a necessidade em adoração

O pedido da mulher tinha um senso de urgência. Aquela foi a única vez durante o ministério de Jesus que Ele saiu dos limites da Palestina e foi às terras de Tiro e Sidom. Ela não perdeu a oportunidade. Ela sofria como se fosse a própria filha. A dor da filha era a sua dor. A libertação da filha era a sua causa mais urgente. Contudo, não deixou a necessidade roubar a oportunidade de adorar. Diante de Jesus, a mulher se lançou aos seus pés. Ela transformou sua necessidade em estrada para encontrar-se com Cristo. Transformou a necessidade em oportunidade de prostrar-se aos pés do Senhor. Transformou o problema no altar da adoração.

As oportunidades vêm a nós e passam. É tempo de clamarmos a Deus pelos filhos. É tempo de nos unirmos em oração pelos filhos. Precisamos ter um senso de urgência no nosso clamor. Como você se comportaria se visse seu filho numa casa em chamas? Certamente teria urgência em intervir para a sua salvação. Tem você a mesma urgência para ver seus filhos salvos?

3. A mulher está disposta a enfrentar qualquer obstáculo para ver a filha liberta

Essa mãe tem uma causa urgente e está determinada a lutar pela filha até o fim. Ela não descansa nem dá descanso a Jesus. Essa mulher encontrou vários obstáculos em seu caminho: sua nacionalidade não lhe favorecia — ela era

Mulher de Tiro e Sidom: o poder da intercessão pelos filhos

gentia, e Jesus, judeu. Além do mais, era uma mulher, e a sociedade daquela época era dominada pelos homens. Satanás estava contra ela, porque um espírito imundo havia dominado sua filha. Os discípulos estavam contra ela; eles queriam que Jesus a despedisse. O próprio Jesus aparentemente estava contra ela, quando lhe disse que fora enviado às ovelhas perdidas da casa de Israel. Essa não era uma situação fácil. Mas a mãe não desanimou. Destacamos três obstáculos que ela enfrentou antes de ver o milagre de Jesus acontecendo na vida da sua filha.

Primeiro, o obstáculo do desprezo dos discípulos de Jesus. Os discípulos não pedem a Jesus para atender essa mãe, mas para despedi-la. Não se importam com sua dor, mas desejam se ver livres dela. Não intercedem em seu favor, mas contra ela. Desprezam a mulher em vez de socorrê-la. Tentam afastá-la de Jesus em vez de ajudá-la a se lançar aos seus pés. Os discípulos foram movidos por irritação, e não por compaixão.

Segundo, a barreira do silêncio de Jesus. O silêncio de Jesus é pedagógico. Há momentos em que os céus ficam em total silêncio diante do nosso clamor. É mais fácil crer quando estamos cercados de milagres. O difícil é continuar crendo e orando pelos filhos quando os céus estão em silêncio, quando as coisas parecem estar indo de mal a pior.

Terceiro, a barreira da resposta de Jesus. A metodologia de Jesus para despertar no coração dessa mulher uma fé robusta foi variada. Ele lhe diz: "não fui enviado senão às ovelhas perdidas da casa de Israel" (Mateus 15:24). Foram palavras desanimadoras. Com elas, Jesus estava dizendo à mulher que os judeus eram os primeiros a terem a oportunidade de aceitá-lo como Messias. Assim, Jesus não estava rejeitando a mulher, mas testando sua fé e revelando que a fé está disponível para todas as raças e nacionalidades. Mas, antes de atender ao pedido daquela mãe, Ele ainda diz: "não é bom tomar o pão dos filhos e lançá-los aos cachorrinhos" (Marcos 7:27). O diminutivo sugere que a referência é aos cachorrinhos que eram guardados como animais de estimação. Jesus está abrindo lentamente a porta. Ao dizer: "Deixe, primeiro, que se fartem os filhos", Ele está, pelo menos, dizendo àquela mulher sofrida que Deus não deixou de olhar para os gentios. Ela poderia muito bem ter pensado: "Se existem bênçãos aguardando os gentios no futuro, por que não receber algumas delas hoje, mesmo que isso represente uma exceção?".

Em nenhuma ocasião, o Senhor concedeu sua graça aos judeus de maneira a não sobrar também uma prova dela aos gentios. Nem mesmo durante a antiga dispensação as bênçãos de Deus foram limitadas exclusivamente aos judeus. Com a vinda de Cristo, numa escala crescente, as bênçãos especiais de Deus para Israel estavam destinadas a alcançar os gentios. Depois do Pentecostes, a igreja tornou-se internacional.

Essa mãe, longe de ficar magoada com a comparação, converte a palavra desalentadora em otimismo e transforma a derrota em consagradora vitória. Ela consegue transformar a palavra de aparente reprovação — cachorrinhos — numa razão para otimismo. Por conseguinte uma grande derrota redunda numa brilhante vitória. Ela busca o milagre da libertação da filha, ainda que isso represente apenas migalhas da graça.

4. A mulher triunfa pela fé e toma posse da vitória dos filhos

Duas coisas merecem destaque. Em primeiro lugar, Jesus elogia a fé daquela mãe. Essa mulher não apenas teve seu pedido atendido, mas também sua fé enaltecida. Não apenas a filha foi liberta, mas a mãe também foi elogiada.

Em segundo lugar, aquela mãe recebeu pela vitória de sua fé a libertação da sua filha. Jesus disse: "Faça-se contigo como queres". E o texto prossegue: "E, desde aquele momento, sua filha ficou sã" (Mateus 15:28). A fé reverteu a situação. O pedido foi atendido. A bênção chegou. A fé venceu.

Aquela mãe voltou para a sua casa aliviada e encontrou sua filha liberta. Ela perseverou. Ela se humilhou. Ela adorou. Ela orou. Prevaleceu pela fé. A jovem aflita não orou por si mesma, mas sua mãe orou por ela. A fé da filha não foi medida, mas, sim, a de sua mãe. No entanto, a cura foi para a filha. A mãe reconheceu o senhorio de Cristo e clamou: Ajuda-me, Senhor! Ela confessou sua necessidade e confiou em Jesus para atendê-la.

Quem ora pelos filhos pode esperar a mesma intervenção de Deus. Não desista de seus filhos. Eles são filhos da promessa. Eles não foram criados para o cativeiro. Lute por eles. Ore por eles. Insista com o Senhor até vê-los libertos e transformados. A fé é morta para a dúvida, surda para o desencorajamento, cega para as impossibilidades, e não vê nada, a não ser seu triunfo em Deus. A fé honra a Deus, e Deus honra a fé.

19

MARIA E MARTA

Diferentes expressões de amor

PERFIL DAS ALUNAS

Lucas 10:39-42; João 11:1-44; João 12:1-8

A família de Marta, Maria e Lázaro morava em Betânia. Muito provavelmente seus pais já estavam mortos. Esses três irmãos tinham o dom da hospitalidade. Jesus era amigo deles e foi recebido algumas vezes em sua casa. Marta, a irmã mais velha, a dona da casa, preocupava-se em servir com excelência ao mestre. Maria, por sua vez, quedava-se aos pés de Jesus com frequência.

A família aparece três vezes no texto bíblico. Em cada ocorrência, vemos Maria e Marta agindo de maneira diferente. Por duas vezes, Marta aborda o Senhor com palavras, enquanto Maria prefere expressar seus sentimentos em silêncio e, às vezes, com lágrimas. A Bíblia nos revela que Jesus não preferia uma à outra, pois, "amava Jesus a Marta, e a sua irmã, e a Lázaro" (

As histórias de Maria e Marta mostram que não há apenas uma forma de se relacionar com Jesus. Deus nos fez diferentes e, em nossas diferenças, somos amados por Ele.

O QUE APRENDEMOS COM A VIDA DE MARTA E MARIA

1. Marta e Maria tinham o coração aberto

Na primeira vez que encontramos Marta e Maria, fica logo evidente suas diferentes personalidades. Marta agitava-se em serviço, Maria quedava-se aos pés de Jesus em atenção. Nessa labuta, Marta pede que Jesus dê um toque em Maria para que a irmã a ajude. Mas Jesus lhe diz: "Marta! Marta! Andas inquieta e te preocupas com muitas coisas. Entretanto, pouco é necessário ou mesmo uma só coisa; Maria, pois, escolheu a boa parte, e esta não lhe será tirada" (Lucas 10:41,42).

Jesus não criticou o serviço de Marta nem sua hospitalidade. Ele apontou o fato de que ela se *inquietava* em vez de se *aquietar* diante dele, como fazia Maria. É mais fácil vivermos agitados, com as rédeas da vida nas mãos, tentando controlar as circunstâncias, que nos aquietar e descansar na providência divina. Não precisamos viver ansiosos quanto à nossa vida nem quanto ao nosso futuro. Nosso trabalho é descansar nele. Maria escolheu se aquietar e abrir seu coração.

Porém, apesar de toda a preocupação de Marta, é notável o fato de ela ter aberto sua casa a Jesus e sua pequena comitiva. Jesus entrou com seus discípulos no povoado de Betânia e encontrou ali repouso na casa de Marta (Lucas 10:38). No primeiro século, não havia hotéis nem pousadas para os viajantes como temos em nossos dias. As hospedarias eram muito sujas e de má reputação. Marta tinha o coração aberto para amar e a casa aberta para hospedar. Seu teto não era apenas para abrigar a família e proporcionar a ela conforto e segurança, mas foi também um refúgio para o Mestre e seus seguidores. A hospitalidade é parte importante da vida cristã (Romanos 12:13; 1Pedro 4:9), tanto que ser hospitaleiro se tornou um requisito para os líderes da igreja (1Timóteo 3:2; Tito 1:8).

2. Marta oferece a Jesus suas dúvidas

A segunda vez que a família de Marta e Maria aparece nos evangelhos é por ocasião da morte de seu irmão, Lázaro. Quando este adoeceu, as irmãs mandaram um recado para Jesus: "Senhor, aquele a quem amas está doente" (João 11:3). Jesus, de fato, amava Lázaro, mas também suas irmãs. Não obstante seu amor, Jesus permaneceu mais dois dias onde estava em vez de seguir imediatamente para Betânia. Quando foi ao encontro da família amada, Lázaro já estava morto e sepultado havia quatro dias.

Marta ficou engasgada com essa situação. Quando soube que Jesus chegara, correu ao seu encontro. Antes de dizer "Bom dia!", despejou sua inconformidade: "Senhor, se estiveras aqui, não teria morrido meu irmão" (João 11:21). Marta não se envergonha de demonstrar a Jesus sua dor e sua frustração. Ela confessa a Jesus quais eram suas expectativas a respeito dele. Para Marta, Jesus havia demorado demais, e agora não havia mais solução. Porém, em vez de rejeitar Marta, Jesus se engaja num diálogo com ela. Ele escolheu revelar à Marta, em meio à sua dor, um atributo seu: "Eu sou a ressurreição e a vida. Quem crê em mim, ainda que morra, viverá. [...] Crês isto?" (João 11:25). Marta disse que sim, mas ainda não entendia a dimensão do poder do homem que ela reconhecia ser o Filho de Deus que devia vir ao mundo. Jesus quer que ela creia além de meras palavras.

Havia uma crença entre os rabinos judeus de que um morto poderia ser ressuscitado até ao terceiro dia, mas, depois do quarto dia, impossível. Nenhum homem, por mais piedoso que fosse, poderia ser usado para ressuscitar um morto depois do quarto dia. Somente Deus em pessoa poderia fazer isso. Jesus espera até o quarto dia, para que ficasse notório a todos, incluindo Marta, que Ele não era apenas um grande homem, mas o próprio Deus entre os homens.

Marta lutava contra sua incredulidade da mesma forma que lutamos diante da dor e da decepção. Porém ela não guardou suas dúvidas para si. Apresentou-as a Jesus. Jesus conduziu Marta da descrença à confiança, da dúvida à fé, da morte à ressurreição e à vida.

3. Maria oferece a Jesus suas lágrimas

Depois de trocar palavras com Jesus à entrada de Betânia, Marta volta para casa e avisa Maria que Jesus a mandou chamar. Como sua irmã, Maria também diz ao Senhor: "Senhor, se estiveras aqui, meu irmão não teria morrido" (João 11:32). Porém, diferentemente de sua irmã Marta, Maria não diz mais nada. Ela apenas chora, prostrada aos pés de Jesus. "Jesus, vendo-a chorar, e também os judeus que a acompanhavam, agitou-se no espírito e comoveu-se" (João 11:33). As lágrimas de Maria, derramadas aos pés de Jesus, agitaram-no em seu íntimo.

É impossível passar pela vida sem chorar. Enquanto cruzamos os vales deste mundo tenebroso, enfrentamos perigos, dores, frustrações e perdas. Saudamos a vida com choro. Passamos pela vida com muitas lágrimas e, não raro, descemos à sepultura em meio ao pranto. Muitos fazem do choro um rosário de lamentação. Outros murmuram e erguem punhos cerrados aos céus num gesto de rebelião contra Deus. Há aqueles que se encolhem, cobertos pelo manto da autocomiseração, enquanto alagam o travesseiro com suas lágrimas. Nós, porém, podemos fazer diferente. Podemos adotar a atitude de Maria. Ela chorou aos pés do Senhor e saiu consolada. Jesus viu sua aflição, ouviu seus rogos e ressuscitou seu irmão. O melhor lugar para derramarmos nossas lágrimas é aos pés do Salvador. Ele conhece nossa dor e tem poder para enxugar nossas lágrimas.

4. Marta oferece a Jesus seu melhor serviço

Na última vez que os evangelhos citam Marta, ela estava servindo mais uma vez. "Deram-lhe, pois, ali, uma ceia:

Maria e Marta: diferentes expressões de amor

Marta servia" (João 12:2a). Aqui, porém, não há a mesma inquietação e preocupação de antes. É possível que a única preocupação de Marta fosse glorificar Jesus, que havia ressuscitado seu irmão.

Marta via no serviço prestado sua máxima expressão do amor. Para ela, amar significava servir. No fim, parece ter entendido que, sem amor, seu dom de servir se tornaria um festival de competição em vez de uma plataforma de adoração. Ela encontrou a única coisa necessária: servir para glorificar. Ela colocou sua casa, seu tempo e sua energia a serviço de Deus. Sua casa não era apenas o refúgio e abrigo da família. Era um local que estava de portas abertas para receber Jesus bem como todos os discípulos. Ela preparou uma ceia e serviu a todos com o objetivo de agradar apenas um: seu Salvador. Quando conhecemos a Deus, passamos a adorá-lo por quem Ele é. Passamos a servi-lo com integridade pelo seu caráter, e não apenas pelos seus feitos em nosso favor.

5. Maria oferece a Jesus seu bem mais precioso

Diferentemente de Marta, que usou o serviço para glorificar Jesus, Maria o honrou com uma oferta. A certa altura da ceia, ela trouxe um vaso de alabastro contendo meio litro de preciosíssimo perfume de nardo puro, avaliado em mais de 300 denários. Um denário era o pagamento para um dia de trabalho. Logo, 300 denários seria o equivalente ao salário de um ano inteiro de trabalho.

    Maria, porém, não faz contas. Ela derrama todo o raro e caro perfume sobre os pés de Jesus e depois os enxuga com seus cabelos. Ela quer expressar sua gratidão a Ele. Fez o melhor para o Mestre. Deu a Ele sacrificialmente aquele perfume que, provavelmente, era herança de família. Mesmo sendo incompreendida pelos discípulos de Jesus, que consideraram desperdício a prodigalidade de seu amor, Maria não recuou em seu preito de gratidão, porque tinha como único vetor de ação o propósito de agradar somente ao seu Senhor. Maria fez a coisa certa, à pessoa certa, no tempo certo, apesar das críticas. O que ela fez no recôndito de uma humilde casa, na pequena cidade de Betânia, tem sido proclamado dos eirados da história e trombeteado nos ouvidos do mundo. Maria colocou aos pés de Jesus tudo o que possuía, o melhor que possuía, e de forma generosa e sacrificial.

20

O JOVEM RICO
Enganado pelas bênçãos

PERFIL DO ALUNO

Mateus 19:16-22; Marcos 10:17-22; Lucas 18:18-23

O jovem rico tinha tudo para ser feliz, mas foi o único indivíduo que foi a Jesus e saiu pior do que chegou. Mesmo sendo amado por Jesus, desperdiçou a maior oportunidade da sua vida. A despeito de ter vindo à pessoa certa, ter abordado o tema certo e recebido a resposta certa, ele tomou a decisão errada. Amou mais o dinheiro do que a Deus, mais os prazeres transitórios desta vida do que a salvação da sua alma. Assim, ao rejeitar o convite da salvação, também rejeitou as demais bênçãos que Deus havia derramado em sua vida. Ele se apegou às bençãos e rejeitou o Abençoador.

O QUE APRENDEMOS COM A VIDA DO JOVEM RICO

1. Ele era jovem

Aquele rapaz estava no alvorecer de sua jornada. Tinha toda a vida pela frente e toda oportunidade de investir seu futuro no reino de Deus. Tinha saúde, vigor, força e sonhos. Os jovens têm entusiasmo, projetos e oportunidades. As dobras do futuro reservam-lhes muitas aventuras. Juventude não é sinônimo de imaturidade. Os jovens podem ser fortes. Neles, a Palavra de Deus pode permanecer. Eles podem vencer o Maligno. Podem ser cheios do Espírito e ter gloriosas visões acerca da obra de Deus.

A juventude é uma fase magnífica da vida. Tempo de vigor, beleza, entusiasmo, oportunidades e desafios. A juventude é símbolo de alegria. Por isso, a ordem da Palavra de Deus ao jovem é: "Alegra-te, jovem, [...] e recreie-se o teu coração" (Eclesiastes 12:1). A vida é o banquete da providência divina. Viver é algo maravilhoso. Deus fez todas as coisas para nosso aprazimento. Ele nos deu vida, saúde, inteligência e criatividade. Devemos viver gostosamente, recreando nosso coração nessa fase primaveril da vida.

2. Ele era riquíssimo

Esse jovem possuía tudo o que este mundo podia lhe oferecer: casa, bens, conforto, luxo, banquetes, festas e dinheiro. Ele era dono de muitas propriedades. Muitas pessoas trabalham arduamente a vida toda e não conseguem amealhar riquezas. Esse jovem, no alvorecer da vida, já era riquíssimo. A graça comum de Deus despejara sobre sua cabeça privilégios sem conta.

A riqueza bem adquirida é um sinal da bênção de Deus. É Deus quem fortalece nossas mãos para adquirirmos riquezas. Homens piedosos como Jó, Abraão, Isaque, Jacó, Ezequias, Davi, Salomão foram ricos. Davi diz ao Senhor: "Riquezas e glória vêm de ti" (1Crônicas 29:12). O salmista afirma que na casa do justo há prosperidade e riqueza (Salmos 112:3). Salomão ensinou que "a bênção do Senhor enriquece, e, com ela, Ele não traz desgosto" (Provérbios 10:22). Moisés exortou o povo de Israel, dizendo: "Antes, te lembrarás do Senhor, teu Deus, porque é Ele o que te dá força para adquirires riquezas" (Deuteronômio 8:18).

Isso é muito diferente da teologia da prosperidade. A teologia da prosperidade coloca a riqueza como a *prova* insofismável da bênção de Deus. É preciso entender que há pobres ricos e ricos pobres. Há pessoas que são pobres, mas mui abençoadas por Deus. A riqueza sem integridade, porém, é maldição. A riqueza adquirida com violência está em total desacordo com o propósito de Deus. O jovem rico era riquíssimo, mas tudo nos faz crer que ele adquiriu esses valores com trabalho honrado e honesto e, sobretudo, com a bênção de Deus.

3. Ele era bem-sucedido

Era um homem de posição. Possuía um elevado status na sociedade. Tinha fama e honra. Além de ser rico, também era um líder famoso e influente na sociedade. Tinha reputação e grande prestígio. Esse jovem tinha dinheiro e inteligência. Tinha prestígio e influência. Tinha poder e destaque. Estava no topo da pirâmide. Havia alcançado o zênite da fama e do sucesso. Havia galgado todos os degraus da glória.

O sucesso não é uma questão de sorte, mas de diligência. O preguiçoso, que faz corpo mole, que não se empenha nos estudos nem trabalha com dedicação, empobrecerá. Na verdade, aqueles cujas mãos são lerdas e remissas acabam sendo destinados aos trabalhos mais rudes e de menor remuneração. Na vida, colhemos o que plantamos.

Aqueles que semeiam pouco têm uma safra medíocre, mas aqueles que semeiam com fartura, com abundância ceifarão. Aqueles que cobrem a fronte de suor e trabalham com esmerado esforço terão sua recompensa. Honra e riquezas estão destinadas aos diligentes, mas pobreza e desprezo são a porção dos preguiçosos.

4. Ele era sedento espiritualmente

Depois de dizer para Jesus que era um observador da lei, perguntou: "Que me falta ainda? Que farei para herdar a vida eterna?". Seu coração não estava satisfeito com coisas. Ele queria algo mais. Tinha sede das coisas eternas. Sua juventude, seu dinheiro e sua reputação não preencheram o vazio da sua alma. Ser rico não basta; ser honesto não basta; ser religioso não basta. Ele estava ansioso por algo mais, que não havia encontrado nas suas próprias conquistas e virtudes. Sabia que não possuía a vida eterna, a despeito de viver uma vida aparentemente correta aos olhos dos homens. Ele queria mais do que as riquezas da terra, queria os tesouros do céu. Queria ser salvo.

Nossa alma tem sede de Deus. A maior necessidade da nossa vida não é de coisas, é de Deus! O maior anseio da nossa alma não é pelos prazeres deste mundo, é por Deus! O maior prazer da nossa vida não está nas iguarias oferecidas no banquete do mundo, está em Deus! Só Deus satisfaz a nossa alma. Só Deus mata essa sede dura que nos atinge. Só Deus aplaca esse anelo da nossa alma. Nenhuma outra fonte pode nos dessedentar. Nenhum prazer pode nos satisfazer. Só em Deus nossa alma descansa segura. Só em Deus nosso coração se aquieta. Somente Deus é a fonte da vida e somente nele encontramos plenitude de vida e paz.

5. Ele soube onde procurar respostas

Quando percebeu a fome de sua alma, o jovem foi à pessoa certa da maneira certa. Ele foi a Jesus, o único que pode oferecer vida eterna. Não buscou atalhos, mas o único caminho que podia levá-lo a Deus. Ele foi a Jesus com pressa. Correu ao encontro de Jesus. Tinha urgência para salvar a sua alma. Foi a Jesus de forma reverente. Ajoelhou-se diante do Senhor. Humilhou-se e demonstrou ter um coração quebrantado.

Os homens são ávidos para encontrar o sentido da vida. Buscam esse sentido nas aventuras, nas riquezas, nos prazeres e no sucesso. Embora entrem por largas avenidas e espaçosos caminhos na busca pela felicidade, muitos rumam para a perdição. Esse caminho parece direito, mas é caminho de morte. Oferece liberdade, mas escraviza;

promete alegria, mas paga com tristeza; proclama a vida, mas o que se vê ao longo dessa estrada é a carranca da morte. Jesus é o caminho e é também a vida. Quando andamos nele, saboreamos a verdadeira vida. Quando permanecemos nele, a morte não tem mais a última palavra sobre nós. A justiça é o caminho da vida. Esse caminho é estreito, mas seguro. É apertado, mas seu destino é a glória. Nesse caminho passamos pelo vale da sombra da morte, mas não precisamos temer mal nenhum. Não estamos sós. O bom pastor caminha conosco, oferecendo-nos segurança, refrigério e vitória. E, quando nossa jornada aqui terminar, habitaremos na casa do Pai, e isso por toda a eternidade.

6. Ele tinha fome de riqueza

Quando viu seu conflito, seu vazio e sua necessidade, Jesus o amou. Então, ofereceu ao jovem o que este procurava: "Vai, vende tudo o que tens, dá-o aos pobres e terás um tesouro no céu; então vem e segue-me" (Marcos 10:21). O jovem ficou contrariado com a resposta de Jesus. Saiu entristecido da presença do bom Mestre porque "era dono de muitas propriedades" (v. 22).

O jovem rico foi a Jesus porque tinha fome de salvação, mas seu amor ao dinheiro era maior do que sua fome de salvação, por isso, abraçou seu dinheiro e rejeitou Cristo. Sua reação demonstrou que ele estava enganado sobre a salvação. Pensou que era uma questão de mérito. Estava enganado a respeito de si mesmo. Julgava-se um observador da lei, e não um transgressor dela. Estava enganado também a respeito da lei de Deus. Pensou que, observando determinados preceitos externos, estava quite com a lei. Mas Jesus viu não apenas seus atos, mas seu coração. Aquele jovem não apenas possuía dinheiro, mas era possuído por ele. O dinheiro era seu deus. Jamais poderia servir a Deus e a Mamom. Ele deu mais valor à riqueza que se ajunta na terra do que aos tesouros do céu. Rejeitou a salvação por amor ao dinheiro. Saiu triste da presença de Jesus porque amou mais a terra do que o céu, mais o dinheiro do que a vida eterna, mais a si mesmo do que a Jesus!

Muitos vão a Jesus e voltam vazios, porque têm fome de salvação, mas também dos prazeres do mundo. São "como Demas, que, tendo amado o presente século, abandonou as fileiras da fé cristã" (2Timóteo 4:10). Há pessoas que têm fome de Mamom, e não de maná. São como Acã, que preferem uma riqueza amaldiçoada a uma obediência bem-aventurada. Aqueles que estão embriagados pela ganância, buscam segurança no ouro, mas encontram a própria morte.

21

PEDRO
Da queda à restauração

PERFIL DO ALUNO

Mateus 26:31-43, 51-58, 69-75

Pedro era um líder indiscutível entre seus pares. Ocupou o primeiro lugar em todas as listas dos apóstolos. Foi o grande líder do grupo apostólico tanto antes quanto depois da ressurreição de Cristo. Pedro era filho de Jonas, irmão de André, natural de Betsaida. Era casado e empresário da pesca nos arredores do mar da Galileia. Homem de temperamento forte e muito loquaz, falava o tempo todo, ainda que, em alguns momentos, não soubesse o que dizia. Sua personalidade forte levou-o algumas vezes a atitudes ousadas, para logo depois fazê-lo cair nas malhas da covardia mais humilhante. Pedro é um símbolo da nossa natureza humana contraditória e paradoxal. Seu nome significa "fragmento de pedra", mas Pedro algumas vezes se tornou pó.

Antes de ser o apóstolo cheio do Espírito Santo, Pedro desceu vários degraus numa queda vertiginosa até o ponto de negar a Jesus. Sua queda foi vergonhosa, suas lágrimas foram amargas. Mas, pela graça de Jesus, sua restauração foi completa. Pedro nos deixa exemplos a serem evitados, a fim de não nos lançarmos à queda, e exemplos a serem seguidos, a fim de nos agarrarmos à graça que nos restaura completamente.

O QUE APRENDEMOS COM A VIDA DE PEDRO

1. Pedro se mostrou presunçoso

O primeiro degrau da queda de Pedro tem dois aspectos. Primeiro, ele se julgou melhor do que os outros: "Disse-lhe Pedro: Ainda que todos se escandalizem, eu jamais!" (Marcos 14:29). Pedro julgou-se melhor e mais fiel do que seus pares. Deu nota baixa para seus condiscípulos e nota máxima para si mesmo. A maneira mais indevida de elogiar-se é criticar os outros. O orgulho espiritual é o prelúdio da queda. Pedro pensava que era melhor do que os outros; e Jesus lhe disse que ele seria mais covarde do que todos. Segundo, Pedro demonstrou uma exagerada confiança em si mesmo. Quando Jesus alertou Pedro acerca do plano de Satanás de peneirá-lo como trigo, Pedro respondeu que estava pronto a ir com Ele tanto para a prisão como para a morte. Pedro subestimou a astúcia do inimigo e superestimou a si mesmo. Colocou exagerada confiança no seu próprio eu, dando início à sua derrocada espiritual.

2. Pedro se mostrou indolente

O mesmo Pedro que prometeu fidelidade irrestrita a Cristo, e disposição de ir com ele para a prisão e para a morte, pouco tempo depois se encontra agarrado ao sono no jardim do Getsêmani no aceso da batalha. Aquela era uma hora decisiva para a humanidade. Cristo estava travando uma luta de sangrento suor. O inferno inteiro o oprimia. Em agonia, Jesus se submete à vontade do Pai. Jesus está com a alma angustiada até a morte, e Pedro não consegue vigiar nem orar. Ele dorme no exato momento em que o inferno está agitado e no exato momento em que Jesus se entrega nas mãos dos pecadores.

Pedro, que havia prometido morrer com o Senhor, não foi capaz sequer de vigiar com Ele! Dormiu quando deveria orar, falou quando deveria ouvir e se vangloriou quando deveria temer. Faltaram-lhe percepção, discernimento e vigilância espiritual. Sua fraqueza espiritual o fez dormir e, ao dormir, ele fracassou no teste da vigilância. Por três vezes Jesus se volta dos joelhos e das gotas de sangue a Pedro, e o encontra dormindo. Ele não pôde vigiar com Cristo sequer por uma hora.

3. Pedro se mostrou precipitado

Quando os soldados romanos, liderados por Judas Iscariotes e pelos principais sacerdotes, prenderam Jesus, Pedro sacou sua espada e cortou a orelha de Malco (João 18:10). Sua valentia era carnal. Porque dormiu e não orou, entrou na batalha errada, na hora errada, com as armas erradas e com a motivação errada. Pedro agiu de modo insensato ao atacar Malco. Ele desceu mais um degrau rumo à sua fatídica queda. Se Jesus não tivesse curado a orelha ferida de Malco, Pedro também seria preso, e provavelmente haveria quatro cruzes no Calvário em vez de três!

Se a batalha fosse física, Cristo teria rogado ao Pai 12 legiões de anjos, ou seja, 72 mil anjos para defendê-lo. Uma legião para cada discípulo e mais uma legião para si.

Empregar armas carnais numa batalha espiritual é insensatez. Nossa luta não é contra carne e sangue. Não vencemos o pecado com bravatas e valentia carnal. Ferir as pessoas não é o caminho da vitória espiritual. Atacá-las com palavras, atitudes e armas não é o caminho para triunfarmos espiritualmente.

Pedro cometeu dois erros ao atacar Malco. Primeiro, lutou com o inimigo errado. Nossos inimigos não são de carne e sangue e não podem ser derrotados com armas físicas. Segundo, Pedro também revelou uma atitude errada e confiou no tipo errado de energia. Enquanto Jesus se entregava, Pedro declarou guerra. É preciso decidir se passaremos a vida fingindo como Judas, lutando como Pedro ou nos entregando à vontade do Pai como Jesus. O que escolheremos: o beijo, a espada ou o cálice?

4. Pedro se acovardou

Depois que Cristo foi levado para a casa do sumo sacerdote, Pedro mergulhou nas sombras da noite e seguiu a Jesus de longe. Sua coragem desvaneceu. Sua valentia se tornou covardia. Seu compromisso de ir com Cristo para a prisão e para a morte foi quebrado. Sua fidelidade incondicional ao Filho de Deus começou a enfraquecer. Ele não queria perder Jesus de vista, mas também não estava disposto a assumir os riscos do discipulado. Pedro despenca mais um degrau rumo à fatídica queda!

Muitos hoje também seguem a Jesus de longe. São esporádicos na casa de Deus. Têm medo ou vergonha de assumir um compromisso claro e público. Escondem-se atrás de trevas.

5. Pedro se cercou de más companhias

Pedro dá mais um passo rumo ao fracasso quando se afasta de Cristo e se aproxima da turba reunida na casa do sumo sacerdote. Pedro assentou-se na roda dos escarnecedores. Tornou-se parte deles. Procurou esquentar-se junto à fogueira enquanto sua alma estava mergulhada numa geleira espiritual. Misturou-se com gente que estava blasfemando o nome de Cristo. Vestiu uma máscara e tornou-se um discípulo disfarçado no território do inimigo. Essa mistura com o mundo lhe custou muito caro, pois foi nesse terreno escorregadio que sua máscara foi arrancada e sua queda se tornou mais vergonhosa.

Há muitas pessoas que estão chegando também a esse degrau. Começaram achando que sabiam até onde podiam ir. Em vez de vigiar, começaram a dormir espiritualmente e agir na força da carne. Há muitos que hoje estão no mundo, amando o mundo, sendo amigos do mundo, conformando-se com o mundo, misturando-se com aqueles que escarnecem do evangelho.

6. Pedro negou ter conhecido Jesus

Um abismo chama outro abismo. Um tombo leva a outros tombos. Pedro não conseguiu se manter disfarçado no território do inimigo. Logo foi identificado como um dos seguidores de Cristo e, quando interpelado por uma criada, ele o negou diante de todos, dizendo: "Não sei o que dizes". Marcos registra: "Não o conheço, nem compreendo o que dizes" (Marcos 14:68). Pedro negou sua fé diante de todos. Negou seu Senhor mesmo depois de ter sido advertido. Quebrou o juramento de seguir a Cristo até a prisão e até a morte. O medo dominou a fé, e ele caiu vertiginosamente.

Muitos nos dias de hoje professam o nome de Cristo, mas o negam com suas obras. Eles negam a Cristo com seu silêncio ou com suas palavras. São testemunhas mudas que silenciam quando deveriam falar. Quantas vezes negamos o Senhor e perdemos a oportunidade de compartilhar o evangelho com outros. Precisamos estar vigilantes quanto a isso, a fim de não deixarmos de dar testemunho daquela que é o poder a sabedoria de Deus para a salvação de todo aquele que crê (1Coríntios 1:18-25).

7. Pedro blasfemou contra Jesus

Pedro negou a Cristo três vezes: negou na primeira (Mateus 26:70), jurou na segunda (Mateus 26:72) e praguejou na terceira vez (Mateus 26:74). A boca de Pedro estava cheia de praguejamento e blasfêmia, e não de votos de fidelidade. Ele caiu das alturas da autoconfiança para o abismo da derrota mais humilhante. Sua queda não aconteceu num único lance. Foi de degrau em degrau. Ele poderia ter interrompido essa escalada de fracassos, mas só caiu em si quando estava com a alma coberta de opróbrio e com os olhos inchados de tanto chorar.

Não somos melhores do que Pedro. Estamos sujeitos aos mesmos fracassos e deslizes. A única maneira de permanecermos de pé é colocarmos nossos olhos em Cristo e dependermos dele em vez de nos escorarmos no frágil bordão da autoconfiança.

8. Pedro contemplou os olhos de Jesus

"Então, voltando-se o Senhor, fixou os olhos em Pedro, e Pedro se lembrou da palavra do Senhor, como lhe dissera: Hoje três vezes me negarás, antes de cantar o galo" (Lucas 22:61). Jesus olhou para Pedro exatamente no momento em que este estava insistindo em dizer que não o conhecia.

Os olhos de Cristo penetraram na alma de Pedro, devassaram seu coração, radiografaram suas mazelas. A Bíblia diz que seus olhos são como chama de fogo. Ele tudo vê e tudo sonda. Não podemos escapar de seu olhar. Ele sabe aonde vamos, o que fazemos, o que pensamos. Ele segue nossos passos e penetra os nossos mais profundos pensamentos.

22

ESTÊVÃO
Vida de plenitude

PERFIL DO ALUNO

Atos 6—7

Estêvão foi o primeiro diácono da igreja primitiva e também o primeiro mártir do cristianismo. Escolhido para cuidar da diaconia das mesas, jamais se esqueceu da diaconia da palavra. Serviu às mesas com humildade, mas resistiu ao Sinédrio com coragem. Pelo seu ministério, trouxe alegria para o povo de Deus e despertou a fúria de seus inimigos. Estes o apedrejaram, mas não conseguiram apagar sua influência. Mesmo sendo apedrejado por seus algozes, orou por eles, à semelhança de Jesus. Ele expirou de joelhos na terra, mas Jesus o recebeu de pé no céu.

Estêvão viveu em plenitude. Sua vida serve de exemplo e inspiração. Uma das maiores necessidades do nosso tempo é de homens que sejam modelos. Vivemos uma época marcada pela superficialidade. As pessoas estão cheias de si mesmas e vazias de Deus. Estão cheias de vaidades e vazias de virtudes. Estêvão não era uma pessoa conformada com a mediocridade. Plenitude era a marca da sua vida e da sua personalidade. Vamos destacar sete aspectos importantes da vida desse primeiro mártir do cristianismo.

O QUE APRENDEMOS COM A VIDA DE ESTÊVÃO

1. Estêvão era cheio do Espírito Santo

Estêvão não apenas era uma pessoa regenerada, selada, habitada e capacitada pelo Espírito, mas também cheio do Espírito de Deus. Não basta ter o Espírito, é preciso ser cheio dele. Não basta ter o Espírito presente, é preciso tê-lo como nosso presidente. A plenitude do Espírito não é uma opção, mas uma ordem divina. Não ser um crente cheio do Espírito Santo é um pecado de desobediência à ordem de Deus: "enchei-vos" do Espírito (Efésios 5:18). O ser humano sempre está cheio de alguma coisa. Muitos estão cheios de si mesmos, cheios de vaidade, luxúria, avareza e ganância. Há outros que estão cheios de mágoa e ressentimento. Há aqueles que estão cheios de soberba e presunção. Devemos estar cheios do Espírito para que transbordem de nossos lábios hinos de adoração e palavras de comunhão; para que se vejam em nossas atitudes amor pelo próximo e disposição para servir. Ninguém está qualificado a servir às mesas sem a plenitude do Espírito. Quem não está cheio do Espírito quer ser servido em vez de servir. Está procurando uma coroa em vez de bacia e toalha para o serviço.

2. Estêvão era cheio de sabedoria

Estêvão tinha conhecimento e sabedoria. Tinha luz na mente e fogo no coração. Olhava para a vida com as lentes do saber humano, mas interpretava-a pela ótica de Deus. Sabedoria é usar da melhor forma o conhecimento para atingir os fins que mais glorificam a Deus. Sabedoria é ver a vida da perspectiva de Deus. É reagir nas diversas situações com firmeza e amor, transmitindo graça às pessoas. Eis a marca distintiva na vida de todo aquele que deseja viver de modo digno de Deus. Muitas pessoas confundem conhecimento com sabedoria. Uma pessoa pode ser culta e ser tola. Outra pessoa pode ser iletrada e sábia. Sabedoria não se aprende nos livros. Sabedoria é olhar para a vida como Deus olha, é agir como Deus age, é ter uma compreensão clara da vida no meio do nevoeiro da história. Hoje nosso foco é muito mais no conhecimento do que na sabedoria. Cultivamos a cultura da cabeça, e não a cultura do coração. Ensinamos as pessoas a terem fome de livro, e não fome de Deus. Mas o conhecimento sem a sabedoria envaidece. A sabedoria não é ausência de conhecimento, mas aplicação correta do conhecimento.

3. Estêvão era cheio de fé

Estêvão confiava plenamente em Deus. Andava estribado não em sua lógica humana, mas na direção divina. Andava por fé. Não se envaidecia com os milagres que Deus realizava por seu intermédio nem se intimidava diante da ameaça do Sinédrio. Seu propósito na vida não era se proteger, mas honrar Deus. Ele preferiu o martírio à infidelidade. Não naufragou engolido pelas ondas revoltas do ódio humano que vociferaram contra ele, porque seus olhos não estavam postos nas pedras que seus algozes lançavam contra ele, mas no Rei do Universo, que de pé o recebia na glória. A fé não olha para baixo, mas para cima. A fé não olha para a ameaça, mas para a recompensa.

Hoje precisamos desesperadamente de homens e mulheres que sejam governados pela fé. Tornamo-nos especialistas em planejamento estratégico. Somos doutores em metodologia. Tornamo-nos peritos em administração. Estamos equipados para assumir o comando de grandes empresas e julgamos, com isso, que estamos qualificados para dirigir os destinos da igreja. A igreja é governada por outro princípio. Ela é uma agência do reino de Deus na terra. Precisamos viver pela fé, lutar pela fé, vencer pela fé e ser pessoas de fé. Precisamos aprender a depender mais de Deus do que dos nossos recursos. Precisamos tirar nossos olhos das impossibilidades humanas e colocá-los nas possibilidades infinitas de Deus. Não andamos pelo que vemos, andamos pela fé. Não agimos apenas de acordo com os recursos humanos, agimos pela fé. Pela fé devemos viver e pela fé devemos morrer.

4. Estêvão era cheio de graça

A graça abundante de Deus estava sobre a vida de Estêvão. Ele levava uma vida de plenitude não na força da carne, mas firmado no bordão da graça divina. Estêvão servia às mesas com o coração cheio da doçura do Espírito. Ele cuidava dos pobres com ternura. Vivia de forma atraente. Falava de forma comovente. Sua vida era irrepreensível. Sua pregação era irresistível. Em cada palavra, em cada gesto e em cada atitude, as pessoas viam nele a graça de Deus. Só aqueles que estavam endurecidos taparam os ouvidos para não o ouvirem, porque não toleravam a verdade nem desejavam a graça de Deus, que transbordava da vida de Estêvão.

5. Estêvão era cheio de poder

Estêvão possuía uma vida irrepreensível, suas obras eram irrefutáveis, suas palavras eram irresistíveis. Ele não apenas dizia coisas tremendas, mas também fazia obras extraordinárias. Pregava aos ouvidos e também aos olhos. Não apenas falava de poder, mas experimentava o poder. Ele não apenas tinha discurso, ele tinha obras. Não somente dizia grandes coisas, mas também realizava grandes milagres.

Um dos maiores problemas que enfrentamos hoje é que limitamos o poder de Deus à nossa experiência. Pensamos que tudo o que Deus pode fazer está delimitado por aquilo que já experimentamos. Ledo engano. Deus pode fazer infinitamente mais. Deus é maior do que tudo o que Ele criou. É transcendente e nem os céus dos céus podem contê-lo. Não há limitação em Deus; a limitação está em nós. Podemos ser revestidos com toda a suprema grandeza do seu poder, o mesmo poder que ressuscitou Jesus dentre os mortos.

6. Estêvão era cheio da palavra

Estêvão prega de improviso o sermão com o maior número de citações das Escrituras que temos registrado na Bíblia. Ele era um cristão que conhecia com profundidade a Palavra de Deus. Estêvão tinha disposto o coração para conhecer a Palavra, para vivê-la e ensiná-la. Ele dedicava tempo à Palavra. Estudava as Escrituras com zelo. Não vivia estribado em sentimentos, em experiências, em fenômenos extraordinários. Centrava sua espiritualidade na Palavra. Pregava não a si mesmo. Exaltava não a si mesmo. Pregava a Palavra.

Hoje, infelizmente, há muitos cristãos que são praticamente analfabetos da Palavra. Guiam sua vida a partir da plenitude de seu coração e do vazio de sua cabeça. São inseguros, confusos, jogados de um lado para o outro, à mercê das novidades do mercado da fé. Em vez de se alimentarem com o trigo da verdade, empanturram-se com a palha tóxica das heresias. Precisamos ser homens e mulheres de Deus que caminham com a Bíblia na mão. Pessoas que conheçam a Palavra, que meditem nela. Pais que obedeçam à Palavra e que a ensinem com fidelidade. A igreja evangélica brasileira precisa de uma nova Reforma. Precisa de um retorno urgente às Escrituras.

7. Estêvão era cheio de perdão

Mesmo vivendo uma vida de plenitude, Estêvão atraiu muita oposição por parte dos religiosos de sua época. Seus opositores apresentaram testemunhas falsas contra ele. Foi vítima de acusações mentirosas. Todavia, mesmo em face da morte, não perdeu a paz e, mesmo no suplício cruel do apedrejamento, perdoou seus algozes.

O pecado mais comum na igreja contemporânea é o pecado da mágoa. Há muitos irmãos feridos. Há muitos crentes machucados emocionalmente. Há muitas ovelhas doentes. Não há vida saudável, casamento saudável, família saudável nem igreja saudável sem o exercício do perdão. Se não perdoarmos, não poderemos orar nem trazer nossa oferta ao altar. Se não perdoarmos, não poderemos ser perdoados nem mesmo poderemos adorar a Deus. Se não perdoarmos, adoeceremos emocional, física e espiritualmente. Sem o exercício do perdão, viveremos como prisioneiros na masmorra da mágoa. O perdão cura, liberta e transforma. O perdão é maior do que o ódio. O perdão é a assepsia da alma, a faxina da mente, a alforria do coração. Perdoar é lembrar sem sentir dor.

23

PAULO
O incontestável poder do evangelho

> **PERFIL DO ALUNO**

Atos 26:1-23

Paulo era judeu e também cidadão romano. Nasceu em Tarso, na Cilícia, importante província do império e um dos maiores centros culturais do mundo. Foi criado em Jerusalém, a capital mundial do saber teológico, aos pés do mestre Gamaliel, sobrinho do grande rabino Hillel. Procedia da tribo de Benjamim, uma das mais ilustres tribos de Israel. Era hebreu de hebreus, um judeu puro-sangue. Foi criado como um fariseu e se tornou zeloso da lei, destacando-se dentre os de sua cidade como um portento no zelo da tradição de seus pais.

Seu zelo levou-o a se tornar o mais ferrenho opositor da igreja. Deus, porém, tinha outros planos para Paulo. O maior perseguidor do cristianismo tornou-se o seu maior expoente. Aquele que queria destruí-lo em seu berço tornou-se seu maior arauto. O grande líder do judaísmo tornou-se o maior desbravador do cristianismo. O homem que perseguiu de forma implacável a fé evangélica sofreu cadeias e tribulações por essa mesma fé. Aquele que mais afligiu os cristãos se tornou o motivo da maior inspiração para os cristãos.

O QUE APRENDEMOS COM A VIDA DE PAULO

1. Paulo, o perseguidor

Saulo perseguia a igreja com ódio implacável. Entrava nas sinagogas e açoitava ali os crentes, forçando-os a blasfemar o nome de Cristo. Não apenas prendia, mas também exterminava aqueles que aderiam à religião do Caminho. Tornou-se um monstro celerado, um implacável perseguidor, um pesadelo para aqueles que abraçavam a fé cristã. Alimentou o propósito de exterminar o cristianismo, usando a força, a truculência e a perseguição atroz. Com esse desiderato é que partiu para Damasco, capital da Síria, com o fim de manietar os cristãos e os levar presos para Jerusalém. Seu ódio não tinha limites. Sua fúria era semelhante à de um animal selvagem quando devora a sua presa.

2. Paulo, o convertido

A conversão de Paulo já estava sendo trabalhada por Deus, mas ele ainda recalcitrava contra os aguilhões. Era como um boi selvagem e indócil que não se sujeita ao ferrão do domador. Deus já havia mostrado a ele que Jesus, o Nazareno, vencera a morte e que os apóstolos, outrora medrosos, anunciavam com poder sua ressurreição. Ele viu como Estêvão orou, com o rosto brilhando como o de um anjo, mesmo na hora do martírio. Mas, como esses aguilhões não amansaram esse boi selvagem, o próprio Jesus apareceu a Paulo no caminho de Damasco e o jogou ao chão. Sem tardança, Paulo se humilhou e se submeteu ao comando do Senhor Jesus. Sua vida foi transformada. Ele saiu imediatamente da potestade de Satanás e do reino das trevas e se tornou nova criatura. Recebeu uma nova vida, uma nova mente, um novo coração, uma nova família, uma nova pátria, uma nova missão. Enfim, o touro selvagem estava subjugado!

A conversão de Paulo nos mostra que não há vida irrecuperável para Deus. Ele pode transformar monstros celerados em homens piedosos, perseguidores impiedosos em pregadores ungidos, opositores da fé cristã em ministros da reconciliação. Deus ainda transforma os párias da sociedade em vasos de honra, homens sucateados pelo pecado em pregoeiros da justiça, protagonistas de guerras em embaixadores da paz.

3. Paulo, o missionário

Jesus não apenas escolheu Paulo para a salvação, mas também o chamou para a obra missionária. Designou-o para pregar aos gentios, aos judeus e aos reis. Atravessou mares, cruzou desertos, enfrentou açoites e prisões para plantar igrejas na Galácia, Macedônia, Acaia e Ásia Menor. Tornou-se o maior evangelista, o maior plantador de igrejas, o maior teólogo e o maior expositor das verdades cristãs de todos os tempos. Escreveu cartas inspiradas que se tornaram luzeiros para o mundo. Pastoreou igrejas e desbravou campos inalcançados, abrindo novas fronteiras para a implantação do reino de Deus na terra. É bem verdade que Paulo não trabalhou sozinho. Não fez carreira solo. Por onde andou, cercou-se de cooperadores, que o ajudaram na obra e deram continuidade a seu trabalho.

Os resultados do ministério de Paulo estão além da nossa capacidade de avaliação. Ele pregou no poder e na virtude do Espírito (1Tessalonicenses 1:5; 1Coríntios 2:4). Pregou com lágrimas e também com senso de urgência. Ao mesmo tempo que jamais negociou a verdade absoluta, escolheu sempre os melhores métodos para anunciá-la com eficácia.

4. Paulo, o perseguido

Desde sua conversão, Paulo entregou-se de corpo e alma à pregação do evangelho. Nessa saga bendita, foi preso em Damasco, rejeitado em Jerusalém, esquecido em Tarso, apedrejado em Listra, preso em Filipos, escorraçado de Tessalônica, enxotado de Bereia, chamado de tagarela em Atenas e de impostor em Corinto. Paulo enfrentou feras em Éfeso, foi preso em Jerusalém, acusado em Cesareia, picado por uma víbora em Malta e, finalmente, foi preso, acusado, condenado e degolado em Roma. Como um mártir tombou na terra, mas como um príncipe de Deus foi recebido no céu. Ainda hoje, nenhum rei, nenhum filósofo, nenhum pensador jamais teve a mesma projeção na terra. Sua vida ainda inspira milhões de pessoas e, mesmo morto, ainda fala com poderosa eloquência aos ouvidos da história.

A vida desse expoente do cristianismo nos mostra que não há casos perdidos para Deus. Revela-nos que Deus pode transformar o pior inimigo no maior aliado. Demonstra-nos que, quando Deus age, o faz eficazmente, e que ninguém pode resistir à graça soberana do Deus que predestina, chama, justifica e glorifica (Romanos 8:30). A vida de Paulo nos encoraja a jamais desistir de esperar a conversão dos nossos entes queridos e dos nossos amigos, ainda que humanamente isso pareça impossível. A vida desse gigante da evangelização nos motiva a crer que Deus reverte as situações mais desesperadoras, transformando-as em cenários de gloriosa esperança!

5. Paulo, o abandonado

A despeito de ser o maior pastor, evangelista, teólogo, missionário e plantador de igrejas da história do cristianismo, Paulo encerrou sua carreira enfrentando dramas pessoais. Ele foi preso numa masmorra romana, na antessala do martírio e no corredor da morte. E nesse momento final da vida, em vez de estar cercado de amigos, estava sozinho, curtindo dolorosa solidão. Paulo foi abandonado por Demas no final da vida. Aquele que deveria estar ao seu lado se bandeou para o mundo e abandonou o veterano apóstolo. Paulo foi traído por Alexandre, o latoeiro. Esse homem lhe causou muitos males e também resistiu fortemente às suas palavras. Os historiadores afirmam que foi Alexandre, o latoeiro, que delatou Paulo, culminando na sua segunda prisão em Roma e no consequente martírio.

A solidão é uma dor que dói na alma, e Paulo não teve vergonha de expressá-la publicamente. Ele não apenas sentiu a dor da solidão, mas também sentiu na pele o aguilhão do abandono e da traição. Em vez, porém, de guardar mágoa, entregou para Deus sua causa, dizendo: "O Senhor lhe dará a paga segundo as suas obras" (2Timóteo 4:14).

6. Paulo, o mártir

O tempo da sua partida havia chegado. Paulo encontrava-se só num calabouço úmido, escuro e insalubre. Estava desprovido de seus livros e pergaminhos e, mesmo no ocaso de sua jornada, estava ainda sedento de aprofundar-se um pouco mais nas verdades eternas de Deus. O maior expoente do cristianismo de todos os tempos está abandonado, jogado numa masmorra, à beira do martírio, sem ter sequer uma capa velha para vestir. O inverno chegava e ele sequer tinha sua capa, talvez velha e surrada, para proteger-lhe o corpo cicatrizado do frio implacável.

Paulo abre o coração para expressar o seu drama, a dor de enfrentar o tribunal romano e, na sua primeira defesa, não ter ninguém a seu favor. Aquele que investiu sua vida para plantar igrejas nas províncias da Galácia, Macedônia, Acaia e Ásia Menor foi abandonado por todos. Quando ele mais precisou de um ombro amigo, todos o abandonaram à sua própria sorte.

Deus, porém, o assistiu e o revestiu de forças para cumprir a pregação aos gentios. Deus o livrou não da morte, mas na morte, e o levou a salvo para o seu reino celestial. Paulo foi retirado da masmorra e levado ao patíbulo. Ali foi degolado, mas antes de expirar escreveu: "A ele [ao Senhor Jesus], glória pelos séculos dos séculos" (2Timóteo 4:18). Paulo tinha plena convicção de que completar sua carreira era o grande alvo de sua vida. Chegou a dizer: "Mas em nada considero a vida preciosa para mim mesmo, contanto que eu complete a minha carreira e o ministério que recebi do Senhor Jesus, para dar testemunho do evangelho da graça de Deus" (Atos 20:24). Em seus últimos dias de vida, mesmo com a morte no horizonte, Paulo pôde afirmar com confiança: "Combati o bom combate, completei a carreira, guardei a fé" (2Timóteo 4:7).

24

JOÃO MARCOS
A serviço do evangelho

PERFIL DO ALUNO

Atos 12:9-17; 13:4-15; 15:37-40

Há pessoas que começam bem, mas terminam mal. Elas têm um brilhante começo, mas um fim trágico. Mas, graças a Deus, muitos também fazem o caminho inverso, caminhando para frente. Eles aprendem com os fracassos e se levantam na força do Onipotente para prosseguir firmes e resolutos nas veredas da justiça. O jovem João Marcos foi um desses.

João é seu nome judeu e Marcos seu nome romano. Ele conviveu com Barnabé, Paulo e o apóstolo Pedro. Viu o nascer da igreja em primeira mão. Testemunhou o avanço do evangelho entre os gentios. Num primeiro momento, retrocedeu. Mas foi amparado por cristãos maduros que o trouxeram de volta ao caminho. Assim, ele pôde dar sua inestimável contribuição à causa do evangelho.

O QUE APRENDEMOS COM A VIDA DE JOÃO MARCOS

1. João Marcos vivia numa família que servia a igreja de Cristo

João Marcos vivia em Jerusalém. Era filho de Maria, uma cristã que hospedava cristãos em sua casa, e era primo de Barnabé, homem de posses (Colossenses 4:10; Atos 4:37). Isso indica que João Marcos procedia de uma família aquinhoada de bens materiais e tinha familiaridade com a igreja cristã desde sua juventude. Sua casa servia de lugar de encontro da igreja primitiva.

Maria colocou sua vida, sua casa e sua família a serviço de Deus e da igreja. Isso marcou profundamente a vida de João Marcos que, a despeito de suas fraquezas, foi exemplar em cuidar dos interesses de Cristo e da igreja. Porque a Palavra de Deus estava no centro de seu lar, a fé evangélica foi transmitida com fidelidade. Nosso lar é onde a Palavra de Deus deve ser ensinada. Nosso serviço a Deus não se limita ao culto que lhe prestamos no templo, mas à liturgia que lhe oferecemos no lar. A vida cristã começa no lar e dele transborda para o mundo!

2. João Marcos se colocou a serviço de Paulo e Barnabé

Talvez motivado pelo que vivenciava em sua casa, João Marcos se dispôs a deixar o conforto da sua casa para enfrentar as agruras de uma viagem missionária por regiões inóspitas e perigosas. Saiu de Jerusalém com Paulo e Barnabé e foi morar em Antioquia da Síria, de onde saiu com eles para a primeira viagem missionária na região da Galácia. João Marcos era um auxiliar (*hyperetes*) de Barnabé e Saulo (Atos 13:5) nessa primeira viagem missionária. Auxiliar era a palavra empregada, por exemplo, para os remadores de galés — homens que tinham sido sentenciados à morte, mas que deveriam prestar ainda mais um serviço antes de morrer. Era um trabalho de dependência total. Um *hyperetes* está desprovido de qualquer vaidade. Não busca grandes coisas para si mesmo. Seu único propósito é servir, e servir com esforço até a morte.

Servir ao próximo vai muito além de dar coisas materiais. Precisamos dar a nós mesmos antes de abrirmos a mão para doar. Devemos desenvolver nossos dons e talentos e colocá-los a serviço do nosso próximo. Não vivemos nem morremos para nós mesmos. Nossa vida precisa ser útil, e nossa morte deve ser um exemplo. Nossa vida tem de desafiar as pessoas no presente, e nossa morte precisa deixar um legado para o futuro. Devemos fazer parte daqueles que são louvados na terra e amados no céu.

3. João Marcos se retira do serviço ao evangelho

Apesar do aparente entusiasmo inicial, Marcos desistiu da primeira viagem missionária no meio do caminho. Não sabemos precisamente as razões que o levaram a desertar da viagem. Algumas sugestões são interessantes: Primeiro, Paulo decidiu largar a região costeira e ir para a região interiorana, onde os perigos eram imensos. O jovem João Marcos deve ter imaginado que era muito moço ainda para enfrentar desafios tão perigosos. Por isso, resolveu voltar para Jerusalém. Segundo, Paulo passou a ocupar a liderança da viagem, até então ocupada por Barnabé. Possivelmente João Marcos não sentiu segurança em viajar debaixo da liderança de alguém que não era seu parente. A terceira especulação é que aquela região pantanosa de Perge da Panfília estava infestada de doenças, especialmente de malária. Possivelmente foi nessa região que Paulo contraiu a doença que o levou a pregar o evangelho pela primeira vez na região da Galácia (Gálatas 4:14). Provavelmente, ao ver esse perigo, João Marcos retrocedeu em seu propósito e retornou à sua casa. Por fim, há também a insegurança característica de sua própria juventude e inexperiência.

Aquele foi um capítulo sombrio na vida desse jovem. Ele foi um desertor. Capitulou diante das dificuldades. Não teve coragem de seguir adiante. De fato, a caminhada cristã não é como um passeio por um jardim engrinaldado de flores, mas uma jornada por estradas juncadas de espinhos. Não vivemos num parque de diversões, mas num campo de batalhas. Não estamos incólumes às vicissitudes da vida, mas arrostamos as tribulações mais amargas. Alguns caminhantes retrocedem diante dos desafios. Mesmo quando tropeçamos e caímos, Deus não desiste de nós; antes, Ele nos perdoa, nos levanta e nos restaura para o louvor de sua glória.

4. João Marcos é restaurado pelo serviço

Era tempo de voltar à segunda viagem missionária. Barnabé queria levar João Marcos consigo. Paulo, porém, se recusou terminantemente a dar uma segunda chance ao jovem desertor. Barnabé contendeu com Paulo, e essa briga teve repercussões profundas na agenda missionária da igreja e no relacionamento dos dois grandes líderes. A desavença foi tal que Barnabé deixou Paulo e partiu para uma nova frente missionária, levando consigo João Marcos para Chipre, sua terra natal. A partir daí, o texto de Lucas centraliza sua narrativa em Paulo e se cala quanto ao que teria acontecido com Barnabé. No entanto, como veremos, João Marcos reaparece no texto bíblico, mostrando que não devemos desistir daqueles que fracassam numa empreitada. Não podemos abandonar os soldados feridos no meio do caminho. Não podemos desistir daqueles que tropeçam e caem. Não podemos ser intolerantes com aqueles que desejam se reerguer. Barnabé não desistiu de seu jovem parente. Levou-o consigo para Chipre e fez dele um missionário. João Marcos tornou-se uma pessoa valorosa nas mãos de Deus.

João Marcos é uma prova de que o justo pode até cair, mas não fica prostrado. Sua história é um incentivo para investirmos na vida daqueles que caíram. O pecado de João Marcos não foi moral, mas ele precisava de um ombro amigo para ajudá-lo a recomeçar seu ministério. E encontrou esse ombro em Barnabé, que o serviu com seu dom de consolação.

5. João Marcos é reintegrado ao serviço

Quando João Marcos reaparece nas Escrituras, ele não está mais acompanhando Barnabé, mas o apóstolo Paulo. O jovem rejeitado por Paulo é agora prezado por ele e se torna mais uma vez seu cooperador. Aquele que um dia desertou e foi rejeitado é agora desejado. Paulo muda de opinião acerca de João Marcos e deseja tê-lo ao seu lado, principalmente nas prisões. Paulo menciona a presença de João Marcos em sua primeira prisão em Roma (Colossenses 4:10; Filemom 24). E quando foi detido pela segunda vez na capital do império, naquela que seria sua última prisão, Paulo chama João Marcos para assisti-lo no final da sua vida. João Marcos estava em Éfeso quando Paulo foi preso pela segunda vez em Roma. Do interior desse cárcere insalubre e frio, Paulo escreve a seu filho Timóteo, rogando-lhe que vá rapidamente vê-lo em Roma e leve consigo Marcos, "pois me é útil para o ministério" (2Timóteo 4:11). Paulo reconhece que o mesmo jovem que ele dispensara no passado agora lhe é útil e deseja tê-lo como seu cooperador no momento final da vida. Isso nos prova a mudança de conduta de Paulo bem como sua mudança de conceito acerca de Marcos. Isso nos prova que é possível recomeçar quando colocamos nossa vida nas mãos de Deus.

Nosso fracasso só é fracasso quando deixamos de aprender com ele. Nossa dor só é incurável quando nos recusamos a ser consolados e quando nos recusamos a consolar outros. O fracasso só é fracasso quando você não aprende com ele. O fracasso precisa ser seu pedagogo, e não seu coveiro. O fracasso não dura para sempre. Foi assim que João Marcos tornou-se um importante cooperador de Paulo.

6. João Marcos apresenta o servo perfeito

Além de cooperador de Paulo, João Marcos era considerado filho de Pedro na fé (1Pedro 5:13). Marcos teve um estreito relacionamento com Pedro. O apóstolo o chama "meu filho". Possivelmente o próprio Pedro o tenha levado a Cristo e seja seu pai na fé. Quando Pedro foi solto da prisão, foi para a casa de Maria, mãe de Marcos, onde a igreja estava reunida.

Mais tarde, o apóstolo Pedro lhe passou, de primeira mão, as informações precisas que se tornaram o conteúdo do Evangelho Segundo Marcos, o primeiro dos quatro a ser escrito. Mesmo não tendo sido discípulo direto de Cristo, Marcos foi discípulo de Pedro. Segundo Papias, um dos pais da igreja do começo do segundo século, o Evangelho de

Marcos é a compilação do testemunho pessoal de Pedro acerca da vida e do ministério de Cristo.

Deus restaurou esse jovem e instrumentalizou sua vida para realizar uma grande obra. O evangelho que escreveu, mais do que suas viagens missionárias, imortalizou sua vida. A parte mais importante do Evangelho de Marcos não é o que devemos fazer, mas o que Deus fez por nós em Cristo. Aquele que cresceu em meio ao serviço, fugiu do serviço e foi restaurado pelo serviço apresenta em sua obra preciosa Jesus como servo perfeito.

25

EPAFRODITO

Companheirismo na vida cristã

PERFIL DO ALUNO

Filipenses 2:25-30; 4:18

Epafrodito só é citado na Carta de Paulo aos Filipenses. As poucas palavras dedicadas a ele, porém, são suficientes para compreendermos seu profundo amor por Jesus e pela igreja. O nome "Epafrodito" significa "encantador", "amável". Sua vida refletia seu nome.

Paulo era um "hebreu de hebreus", Timóteo, colega de Epafrodito e cooperador de Paulo, era em parte judeu e em parte gentio (Atos 16:1). Epafrodito, tanto quanto sabemos, era inteiramente gentio. Mas todos eles tinham a mesma característica: estavam dispostos a viver para Cristo e dar sua vida pelos irmãos.

O QUE APRENDEMOS COM A VIDA DE EPAFRODITO

1. Epafrodito enfrentava os riscos do serviço

Epafrodito foi o portador da oferta da igreja de Filipos a Paulo e o portador da carta-resposta de Paulo à igreja de Filipos. Ele viajou de Filipos a Roma para levar uma oferta da igreja ao apóstolo e também para assistir o apóstolo na prisão. Paulo o chama de irmão, cooperador e companheiro de lutas. Como diz Lightfoot,[11] Epafrodito era um com Paulo em afeto, atividade e perigo.

O apóstolo faz três afirmações sobre Epafrodito. Em primeiro lugar, ele o chama de "irmão". Se estamos em Cristo, há um elo de amor fraternal que nos une uns aos outros. Essa é uma palavra que destaca a relação de família. Em segundo lugar, Epafrodito era cooperador. Ele trabalhava

---

[11] LIGHTFOOT. J. A. *St Paul's Epistle to the Philippians*. Londres: Macmillan, 1873.

na obra de Cristo e ajudava Paulo. Em terceiro lugar, ele era um companheiro de milícia. A vida cristã não é um parque de diversões, uma colônia de férias, mas um campo de guerra. Epafrodito estava no meio desse campo de lutas juntamente com o apóstolo Paulo. O pano de fundo é o de uma metáfora geral, em que ambos são "companheiros no conflito", na guerra contra o mal. Epafrodito é um companheiro de milícia, um companheiro de armas.

2. Epafrodito dedicava-se à igreja de Cristo

Paulo descreve Epafrodito de duas maneiras em relação ao seu serviço à igreja. Primeira, ele é um mensageiro da igreja. A palavra grega que Paulo usa é *apostolos*. Aqui a palavra "apóstolo" tem o sentido de "aquele que é enviado com um recado". A missão de Epafrodito não foi apenas trazer a Paulo o donativo da igreja filipense, mas também servi-lo da forma como fosse requerido. Portanto, Epafrodito fora enviado tanto para levar uma oferta quanto também para ser uma oferta dos filipenses a Paulo.

Segunda, Epafrodito é um auxiliar da igreja. A palavra grega usada por Paulo é *leitourgos*, de onde vem a nossa palavra "liturgia" que significa serviço ou culto sagrado. Mas a palavra também era usada no contexto cotidiano. Nos dias da Grécia antiga, muitos amavam tanto a sua cidade que com seus próprios recursos e às suas próprias expensas se responsabilizam de certos deveres cívicos importantes. Podia tratar-se de bancar os gastos de uma embaixada, ou o custo da representação de um importante drama de algum dos famosos poetas, ou o entretenimento dos atletas que iriam representar a cidade nos jogos, ou o equipamento de um barco de guerra e os gastos de uma tripulação a serviço do Estado. Eram sempre dons generosos para o Estado. Tais homens eram conhecidos como *leitourgoi*.[12] Essa é a palavra que Paulo adota e aplica a Epafrodito.

Talvez, ao usar essa palavra, o apóstolo entendesse que o cristão é como um sacerdote que ministra um culto a Deus enquanto atende às necessidades dos outros. Epafrodito fazia do seu serviço prestado à igreja uma liturgia e um culto para Deus. Esse homem colocou as necessidades dos outros acima das suas próprias.

3. Epafrodito não tinha imunidades especiais

Enquanto fazia a obra de Deus, Epafrodito ficou doente. Em Roma, Epafrodito caiu enfermo, possivelmente vítima

---

[12] BARCLAY, William. *Filipenses, Colosenses, I y II Tesalonicenses*. Buenos Aires: La Aurora, 1973.

EPAFRODITO: COMPANHEIRISMO NA VIDA CRISTÃ

da conhecida febre romana que às vezes varria a cidade como uma epidemia e um açoite. A enfermidade o havia levado às portas da morte. Ele não apenas adoeceu, mas adoeceu para morrer. Sua enfermidade foi algo grave. Além disso, mesmo sendo um servo de Deus, Epafrodito sofreu profunda angústia. Paulo descreve a angústia de Epafrodito (Filipenses 2:26), usando a mesma palavra que os evangelistas usaram para registrar a angústia de Cristo no Getsêmani: *ademonein*. Essa palavra grega denota uma grande angústia mental e espiritual (Marcos 14:33), a angústia que se segue a um grande choque. A saudade dos irmãos, a apreensão acerca da sua condição e a impossibilidade de cumprir plenamente o seu trabalho em relação ao apóstolo Paulo afligiu sobremaneira a alma de Epafrodito.

Como cristãos, não estamos livres das intempéries naturais da vida. Os crentes não são poupados de enfrentar as mesmas dores, as mesmas tristezas e as mesmas enfermidades dos não crentes. O apóstolo Paulo não disse que Epafrodito ficara doente por causa de um ataque de Satanás, nem porque tivesse uma fé trôpega, nem ainda porque estivesse em pecado. Nada disso passaria pela mente bem treinada de Paulo nas Escrituras. Aqueles que pregam que um crente não pode ficar doente e que toda doença é obra maligna estão equivocados.

4. Epafrodito foi curado pela intervenção sobrenatural de Deus

A cura de Epafrodito foi um ato da misericórdia do Deus todo-poderoso. Não há aqui qualquer palavra de Paulo acerca da cura pela fé. Simplesmente o apóstolo afirma que Deus teve misericórdia dele, de Epafrodito e da igreja de Filipos.

Há duas coisas que só Deus pode fazer: perdoar pecados e curar enfermidades. O ser humano não tem poder para perdoar pecados, nem os médicos têm poder para curar. Os médicos são os instrumentos, mas o agente da cura é Deus. Há curas ordinárias e extraordinárias. Deus cura através dos meios, sem meios e até apesar dos meios. Em última instância, porém, só Deus pode curar. Toda cura é divina (Salmos 103:3).

É mais do que certo que, em nosso contexto brasileiro, muitas pessoas procuram milagres e coisas extraordinárias, mas não o conhecimento puro e perfeito da santa Palavra de Deus. Elas buscam experiência, mas não conhecimento. Estão obcecadas por prosperidade e cura, e não pela salvação. Estão à procura da luz interior, mas não da verdade. Isso, porém, não invalida a verdade de que Deus ainda tem todo o poder de curar. Ele ainda tira muitos das portas da morte.

5. Epafrodito merecia ser honrado pela igreja

O apóstolo Paulo estava preocupado que algumas pessoas pudessem criticar Epafrodito pela sua volta prematura à igreja sem cumprir plenamente seu papel em relação à assistência a Paulo na prisão. O grande bastião do cristianismo, então, com seu senso pastoral, antecipa a situação e ordena à igreja a receber o valoroso irmão Epafrodito com alegria e com honra.

Não há nada de errado num servo receber honra. Aliás, esse é um princípio bíblico que precisamos obedecer. Escrevendo aos crentes de Tessalônica Paulo diz:

> Agora, vos rogamos, irmãos, que acateis com apreço os que trabalham entre vós e os que vos presidem no Senhor e vos admoestam; e que os tenhais com amor em máxima consideração, por causa do trabalho que realizam. Vivei em paz uns com os outros (1Tessalonicenses 5:12,13).

O mundo honra aqueles que são inteligentes, belos, ricos e poderosos. Que tipo de pessoas a igreja deve honrar? Epafrodito foi chamado de irmão, cooperador, companheiro de lutas, mensageiro e auxiliar. Esses são os emblemas da honra. Paulo nos encoraja a honrar aqueles que arriscam a própria vida por amor de Cristo e o cuidado dos outros, indo aonde não podemos ir por nós mesmos.

6. Epafrodito se dispôs a dar a vida pela obra de Cristo

A viagem de Filipos para Roma era uma longa e árdua jornada com mais de mil quilômetros. Associar-se com um homem acusado, preso e na iminência de ser condenado também constituía um risco sério. Epafrodito, porém, dispôs-se a enfrentar todas essas dificuldades pela obra de Cristo em favor da assistência material e espiritual a Paulo na prisão.

Quando diz que Epafrodito "dispôs-se a dar a própria vida" (Filipenses 2:30), Paulo usa a palavra grega *paraboleuesthai*. Essa palavra se aplica ao jogador que aposta tudo numa jogada de dados. Em outras palavras, Epafrodito teria colocado sua própria vida em jogo pela causa de Jesus Cristo, arriscando-a temerariamente.

Paulo e as igrejas dos gentios tinham profunda gratidão a esse companheiro de batalhas por sua postura tão corajosa e por seu serviço tão abnegado ao apóstolo e à causa do evangelho. A igreja sempre necessita de Epafroditos, pessoas dispostas a entregar sua vida para o serviço de Cristo e dos outros.

CONCLUSÃO

A escola da vida não é fácil. Como na escola convencional, muitos têm medo de serem reprovados, a exemplo de Caim e Saul. Mas ao analisar a vida desses homens, vemos que eles viveram sem se importar com a vontade do Senhor, pois, na verdade, não pertenciam verdadeiramente a Ele. Como tantos outros infiéis, eles só queriam satisfazer os próprios desejos carnais e egoístas, e não estavam dispostos a se submeterem à disciplina do Senhor. As palavras "arrependimento" e "contrição" não faziam parte do seu vocabulário. Eles trilharam o próprio caminho e desprezaram a vontade Deus, que é sempre boa e perfeita. A culpa não cabe ao Professor Celestial, mas aos alunos que se recusaram a seguir suas orientações perfeitas. A reprovação deles atesta o que diz a santa Palavra:

> Eis a Rocha! Suas obras são perfeitas, porque todos os seus caminhos são juízo. Deus é fidelidade, e nele não há injustiça; é justo e reto. Procederam corruptamente contra ele, já não são seus filhos, e sim suas manchas; é geração perversa e deformada (Deuteronômio 32:4-5).

Vida: a grande escola de Deus

A escola de Deus, a vida, é um rico campo de aprendizado de justiça e retidão. Mas devido à nossa fragilidade como pecadores, é uma escola que nos impõe imensos desafios. Alguns sucumbem ante às dificuldades da vida, o que acarreta a evasão escolar. O autor de Hebreus percebeu que isso estava acontecendo com os destinatários de sua carta, e ele lhes escreveu algo que também deve servir de alerta para cada um de nós, alunos dessa grande escola de Deus:

> Portanto, também nós, visto que temos a rodear-nos tão grande nuvem de testemunhas,[13] livremo-nos de todo peso e do pecado que tão firmemente se apega a nós e corramos com perseverança a carreira que nos está proposta, olhando firmemente para o Autor e Consumador da fé, Jesus, o qual, em troca da alegria que lhe estava proposta, suportou a cruz, sem se importar com a vergonha, e agora está sentado à direita do trono de Deus. Portanto, pensem naquele que suportou tamanha oposição dos pecadores contra si mesmo, para que vocês não se cansem nem desanimem (Hebreus 12:1-3).

Nem sempre é fácil tirar nota máxima nessa escola. Mesmo os heróis e as heroínas da fé de Hebreus 11 viveram

---

[13] Os alunos e as alunos que ele listou no capítulo 11, como Abel, Noé, Moisés, Abraão, Sara, Raabe, Davi, e tanto outros.

CONCLUSÃO

situações reprováveis em algum momento da vida. Mesmo assim, perseveraram na fé, e hoje eles nos servem de "exemplo", e todas as coisas que foram registradas sobre eles no Livro-texto de Deus, a Bíblia, "foram escritas como advertência a nós, para quem o fim dos tempos tem chegado" (1Coríntios 10:11).

Muitos que debandaram da fé acreditavam erroneamente que a vida cristã seria um eterno parque de diversões. Pensavam que viveriam numa redoma de proteção e que Deus poria uma cerca protetora em volta deles, livrando-os sempre de todos os males. Aliás, Satanás disse a Deus que Jó só servia com fidelidade devido a essas benesses:

> Não é verdade que tu mesmo puseste uma cerca ao redor dele, da sua casa e de tudo o que ele tem? Abençoaste a obra de suas mãos, e os seus bens se multiplicaram na terra. Mas estende a tua mão e toca em tudo o que ele tem, para ver se ele não blasfema contra ti na tua face (Jó 1:10-11).

No entanto, não é assim que age o Supremo Mestre de nossas almas. Poderá haver momentos em que Ele retirará de nós tudo o que temos visando a um propósito maior. Ele tirou de Jó todas as benesses que lhe dera, e ainda assim Jó permaneceu fiel ao Senhor, mostrando que ele não era um crente interesseiro. Jó não estava apenas interessado nas bênçãos do Senhor, mas, acima de tudo, no Senhor de todas as bênçãos.

Aprendemos com Jó — e com outros servos e servas de Deus ao longo da História — que a escola da vida pode ser muito dura, desgastante e desafiadora. Há dores no corpo e na alma, sofrimentos de todos os lados, angústias dilacerantes, tribulações advindas das mais diversas circunstâncias, perseguições as mais diversas, até mesmo de pessoas próximas a nós. Tudo isso tenta nos levar para longe de Deus e de sua vontade. No entanto, cada um desses elementos compõe parte dessa grande escola, que vai nos moldando mais e mais até que cheguemos "ao estado de pessoa madura, à medida da estatura da plenitude de Cristo" (Efésios 4:13).

Deus tem um plano para cada um de nós. Ele deseja que sejamos como Jesus, como inspiradamente revelou o apóstolo Paulo: "Pois aqueles que Deus de antemão conheceu, Ele também predestinou para serem conformes à imagem de seu Filho, a fim de que Ele seja o primogênito entre muitos irmãos" (Romanos 8:29). Jesus também foi aluno na escola da vida, conforme releva a Palavra: "Embora fosse Filho, aprendeu a obediência pelas coisas que sofreu e, tendo sido aperfeiçoado, tornou-se o Autor da salvação eterna para todos os que lhe obedecem" (Hebreus 5:8-9).

Conclusão

Estamos aqui para crescermos na graça e no conhecimento de nosso Senhor e Salvador Jesus (2Pedro 3:18). Cada situação que vivemos deve nos ensinar algo sobre Deus e seu propósito supremo para conosco. Portanto, não desanime, mas persevere. Não desista, mas persista. "Nós, porém, não somos dos que retrocedem e são destruídos, mas dos que creem e são salvos" (Hebreus 10:39). Que essa seja uma verdade na sua vida. Continue firme na grande escola de Deus. Seja um aluno perseverante, a exemplo de Jó, Daniel, Maria, Noemi e, acima de tudo, Jesus. Apegue-se firmemente ao Senhor, à sua Palavra, à oração, à comunhão com os irmãos, a uma vida de fidelidade e santidade. Não olhe para as circunstâncias. Olhe para o seu Deus, o seu grande Professor. Aprenda com Ele e desfrute de sua presença por toda a eternidade que se avizinha. Em breve, viveremos esta promessa em nossa vida: "E lhes enxugará dos olhos toda lágrima. E já não existirá mais morte, já não haverá luto, nem pranto, nem dor, porque as primeiras coisas passaram" (Apocalipse 21:3-4). No final, tudo terá valido a pena e cumprido o propósito de Deus para nossa vida!

> Por isso, levantem as mãos cansadas e fortaleçam os joelhos vacilantes. Façam caminhos retos para os seus pés, para que o manco não se desvie, mas seja curado. (Hebreus 4:12-13).

Sua opinião é importante para nós.
Por gentileza, envie-nos seus comentários pelo e-mail

editorial@hagnos.com.br

Visite nosso site:

www.hagnos.com.br